mofusand 学習ドリル

ひらがな カタカナ

入学準備~ 小学1年

この ドリルに ついて

もじは ていねいに かきましょう。

わからないことは おうちの ひとに
ききましょう。

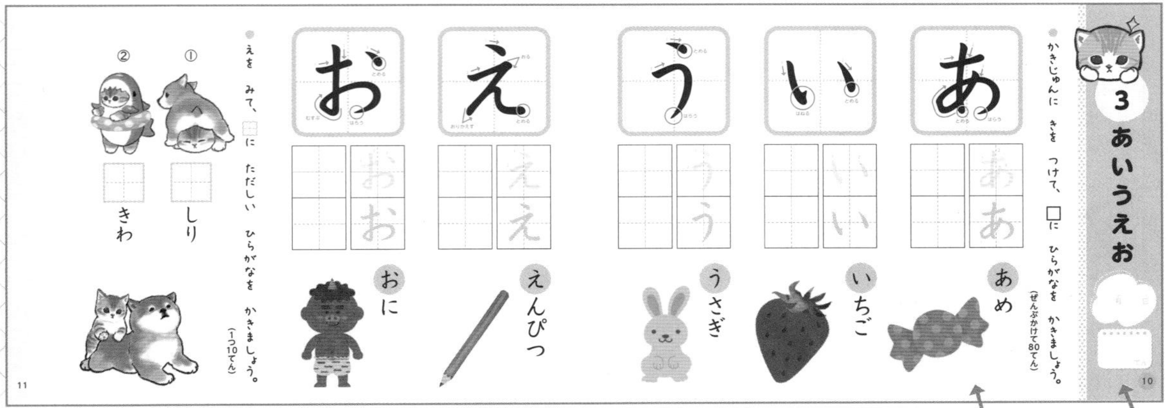

3 あいうえお
かきじゅんに きを つけて、□に ひらがなを かきましょう。
（ぜんぶかけて80てん）
あ
い
う
え
お
あめ
いちご
うさぎ
えんぴつ
おに
えを みて、□に ただしい ひらがなを かきましょう。
（1つ10てん）
しり
きわ
10
11

- ここに べんきょうした ひづけと てんすうを かきましょう。
- それぞれの もじを べんきょう しましょう。
- こたえあわせは おうちの ひとと やりましょう。
- いっかいぶんが おわったら シールを はりましょう。

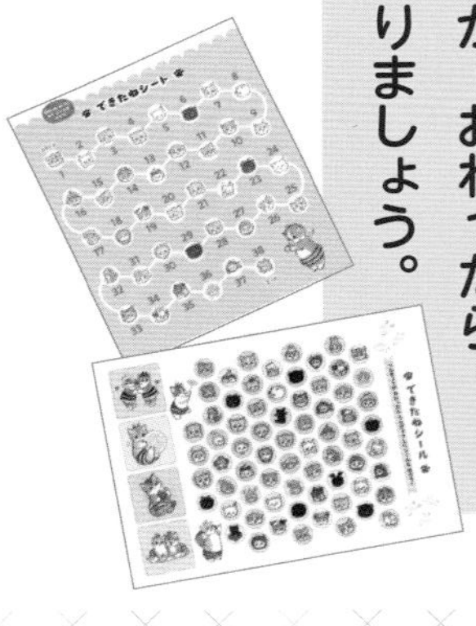

おうちの方へ
○このドリル一冊で、ひらがな・カタカナを勉強することができます。巻末には、名詞や動詞、形容詞、対義語の問題もついています。
○まずは文字の形を確認し、練習をします。左のページには練習問題がついているので、一緒に答え合わせをして、間違えたときには、どうして違うのかを教え、確認してあげてください。

ひらがなの　ひょう

それぞれの　かたちに　きをつけながら　おぼえましょう。
なぞったり　こえに　だして　れんしゅうを　しましょう。

ん	わ	ら	や	ま	は	な	た	さ	か	あ
	(い)	り	(い)	み	ひ	に	ち	し	き	い
	(う)	る	ゆ	む	ふ	ぬ	つ	す	く	う
	(え)	れ	(え)	め	へ	ね	て	せ	け	え
	を	ろ	よ	も	ほ	の	と	そ	こ	お

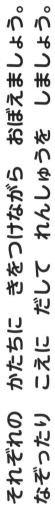

ひらがなの　ひょう

「゛」「゜」の　つく　ひらがな

か	が	さ	ざ	た	だ	は	ば	は	ぱ
き	ぎ	し	じ	ち	ぢ	ひ	び	ひ	ぴ
く	ぐ	す	ず	つ	づ	ふ	ぶ	ふ	ぷ
け	げ	せ	ぜ	て	で	へ	べ	へ	ぺ
こ	ご	そ	ぞ	と	ど	ほ	ぼ	ほ	ぽ

ひらがなの　ひょう

ちいさく　かく　ひらがな
「ゃ」「ゅ」「ょ」「っ」

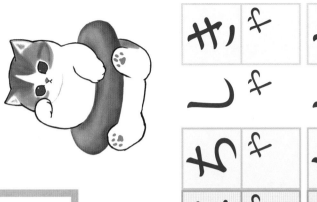

っ	ぴゃ	びゃ	ぢゃ	じゃ	ぎゃ	りゃ	みゃ	ひゃ	にゃ	ちゃ	しゃ	きゃ
	ぴゅ	びゅ	ぢゅ	じゅ	ぎゅ	りゅ	みゅ	ひゅ	にゅ	ちゅ	しゅ	きゅ
	ぴょ	びょ	ぢょ	じょ	ぎょ	りょ	みょ	ひょ	にょ	ちょ	しょ	きょ

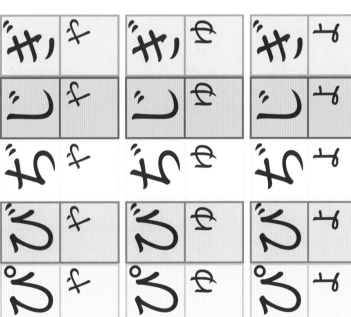

番

1 せんを　なぞろう

やじるしに　あわせて　せん（▬）を　ゆびで　なぞりましょう。

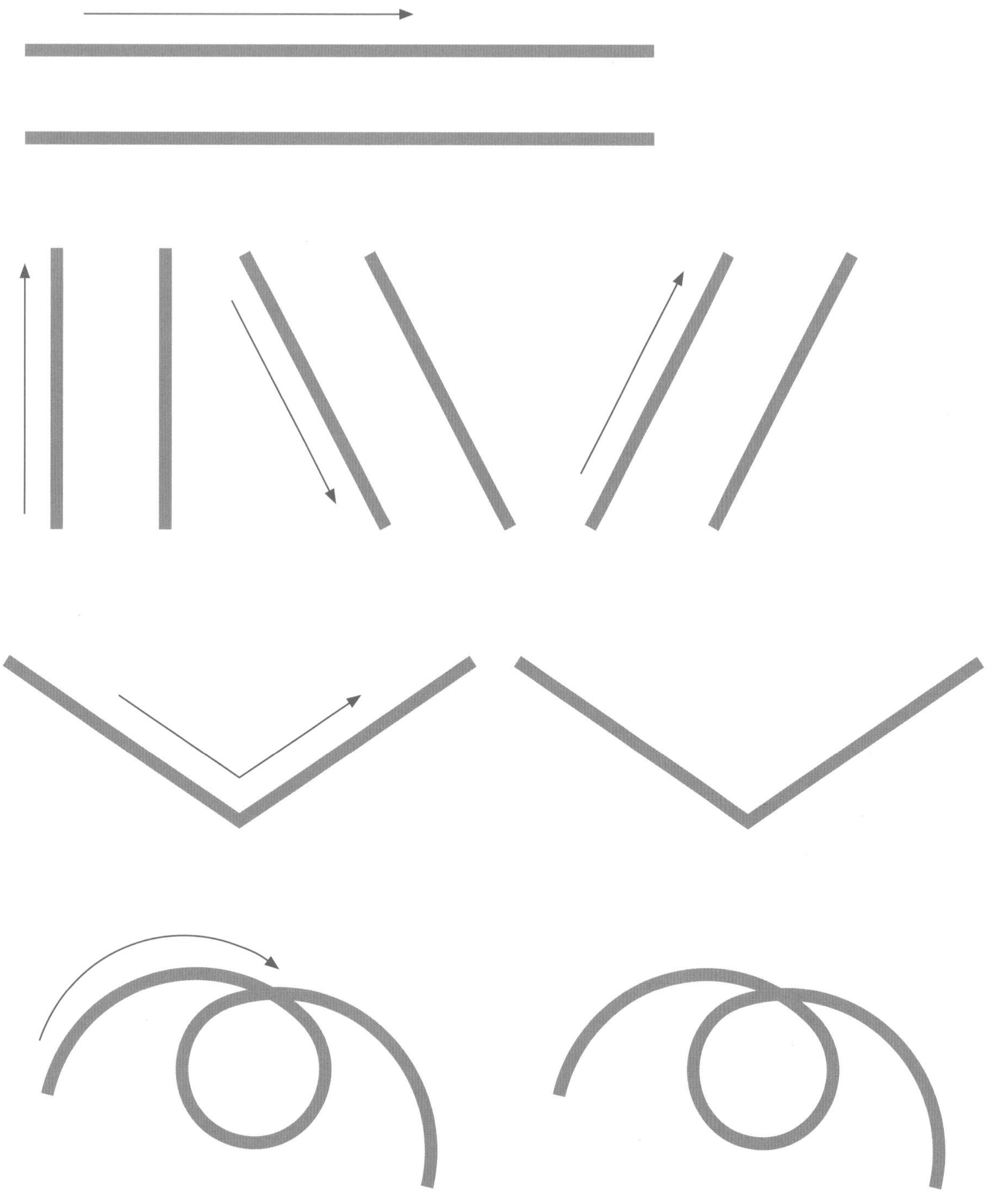

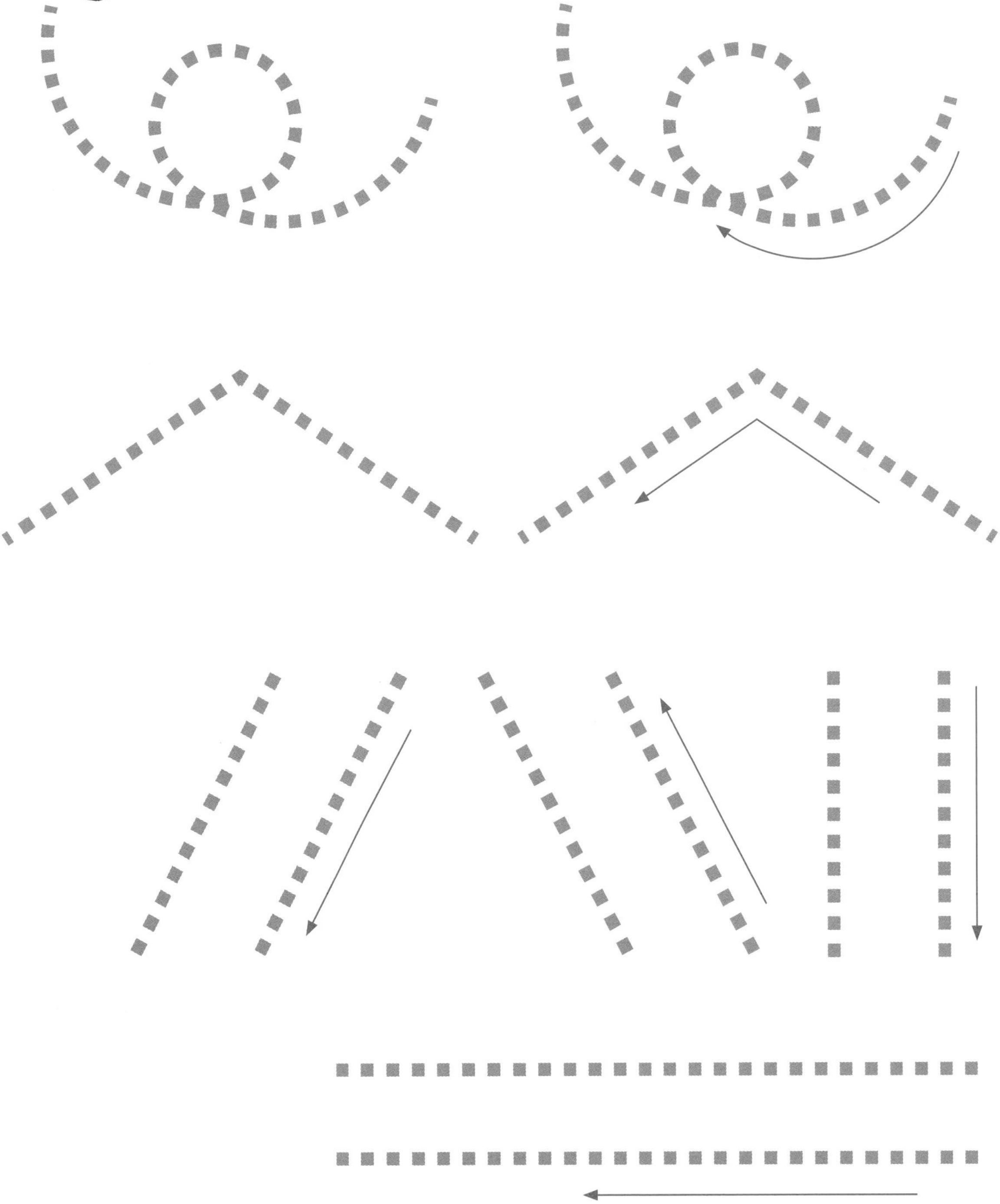

やじるしに あわせて てんせん（■■）を えんぴつで なぞりましょう。

2 せんを　なぞろう

すたーとから　ごーるまで　てんせん（－）を　ゆびで
なぞりましょう。

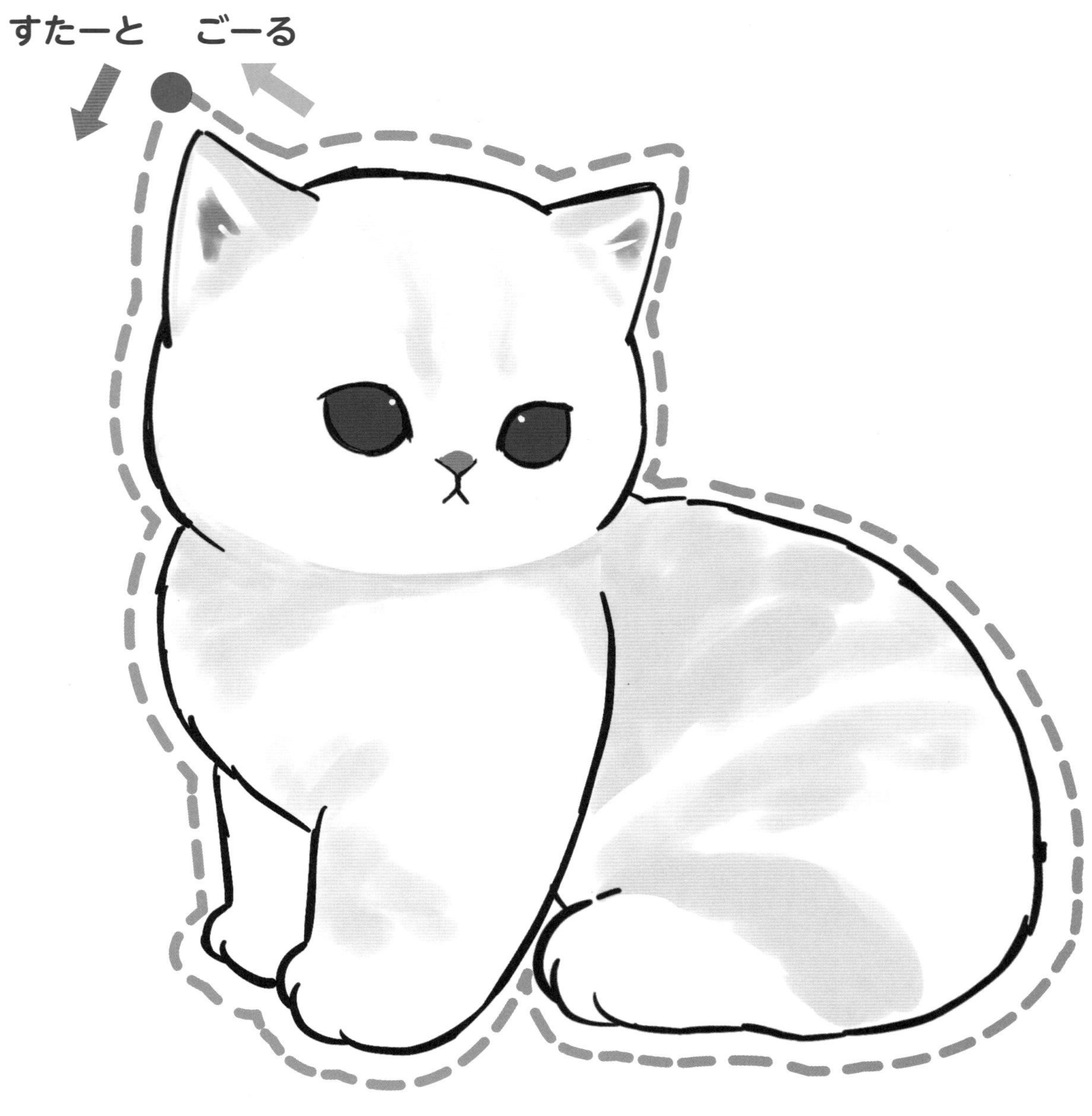
すたーと
ごーる

すたーとから　ごーるまで　てんせん（－－）を　えんぴつで
なぞりましょう。

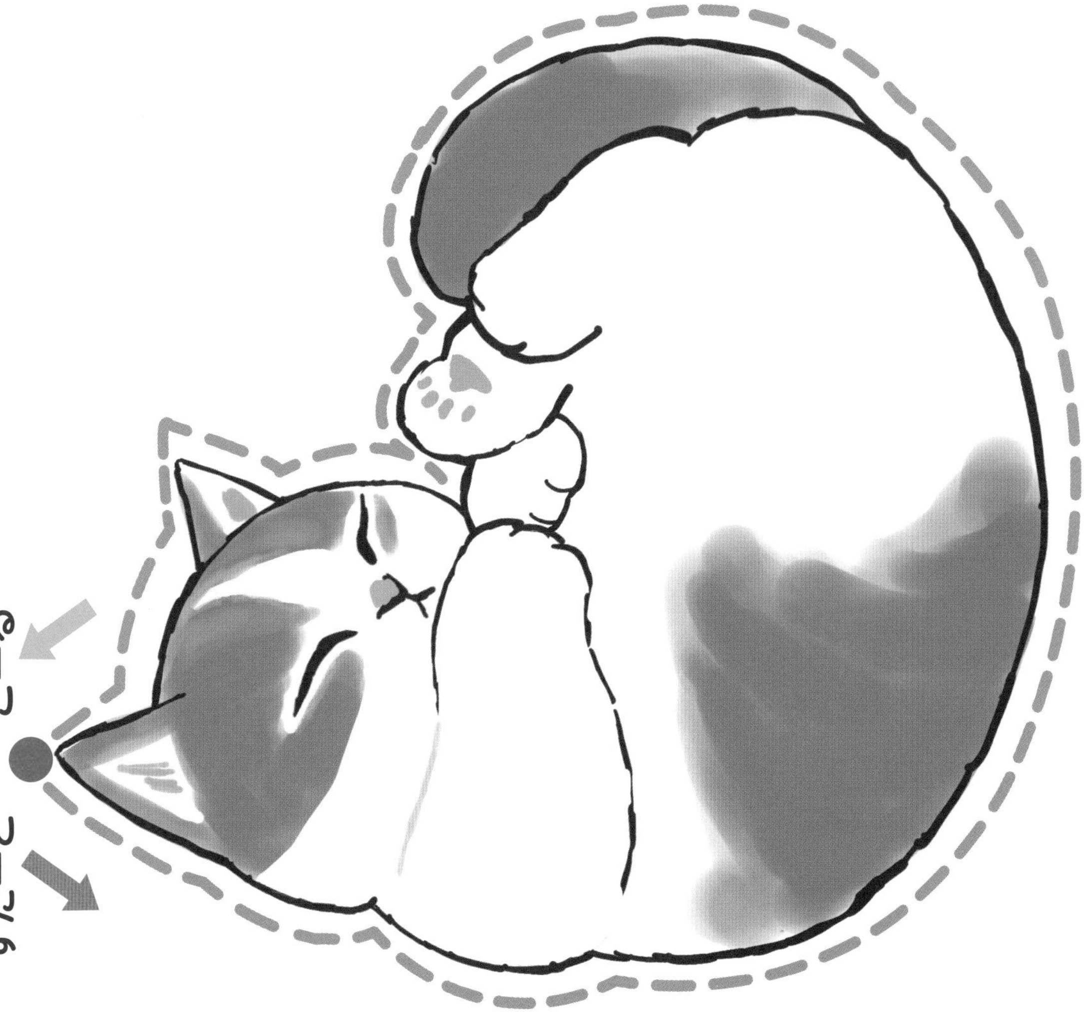

すたーと
ごーる

3 あいうえお

月　日

てん

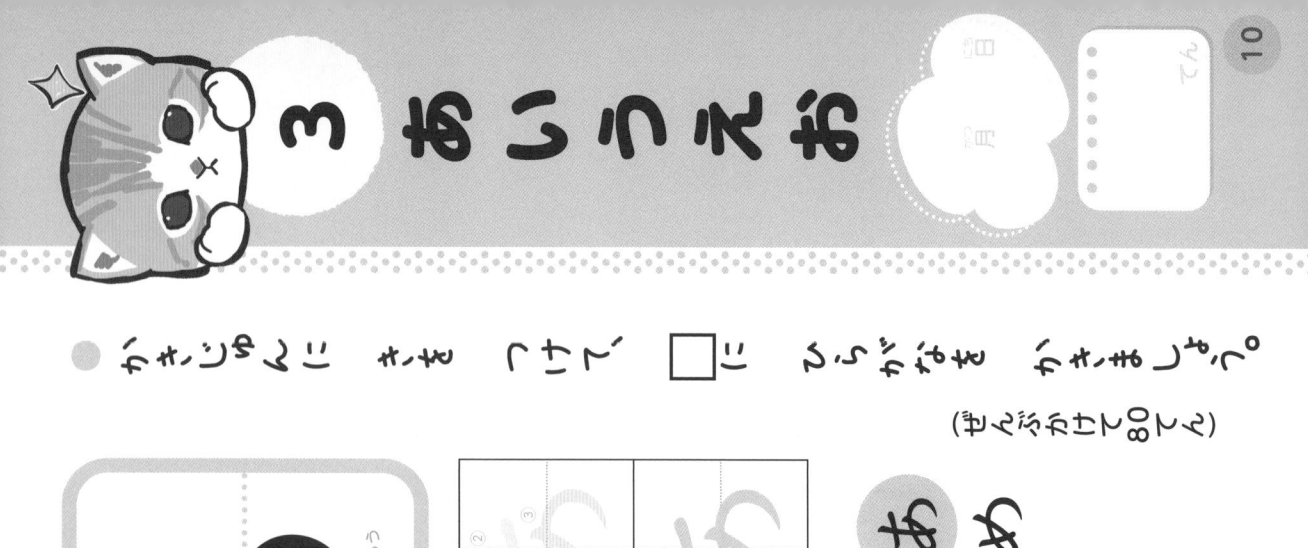

かきじゅんに　きを　つけて、□に　ひらがなを　かきましょう。
（ぜんぶかけて80てん）

①
②
③
とめる
はらう

あめ

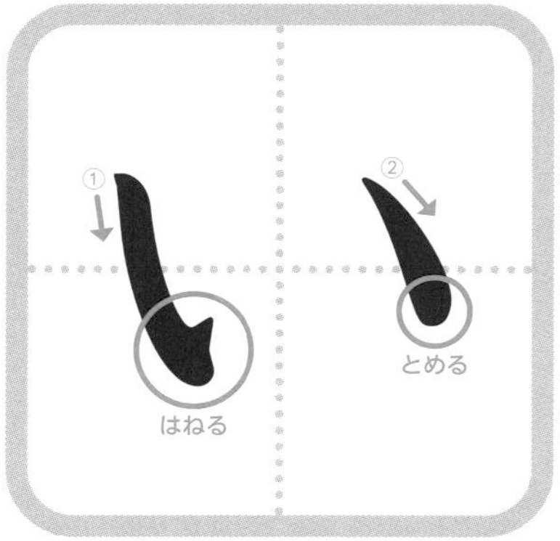

①
②
はねる
とめる

いちご

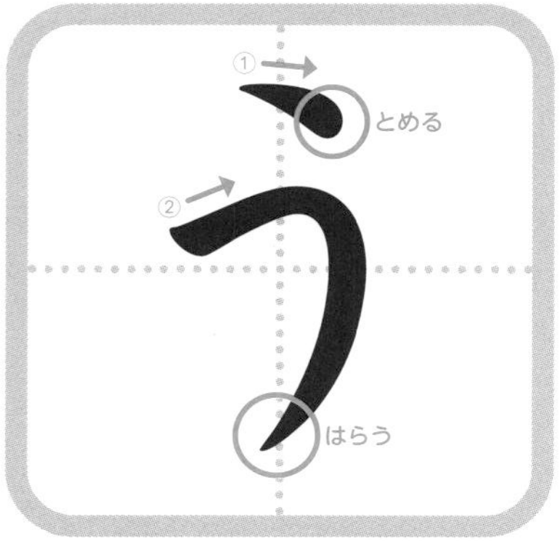

①
②
とめる
はらう

うさぎ

え
おる
とめる
おりかえす

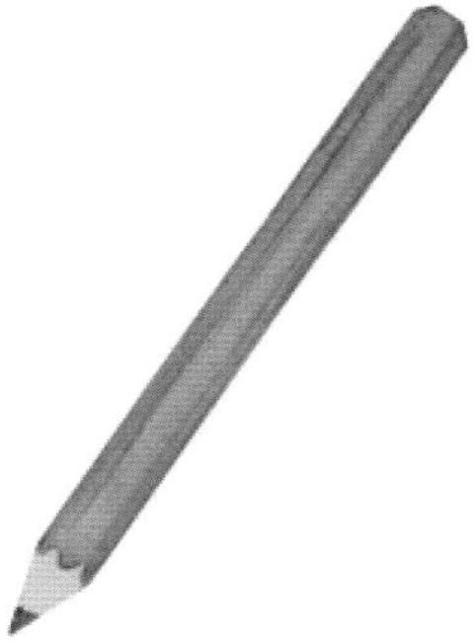

えんぴつ

お
とめる
むすぶ
はらう

おに

えを　みて、□に　ただしい　ひらがなを　かきましょう。（1つ10てん）

①

□り

しり

②

きわ

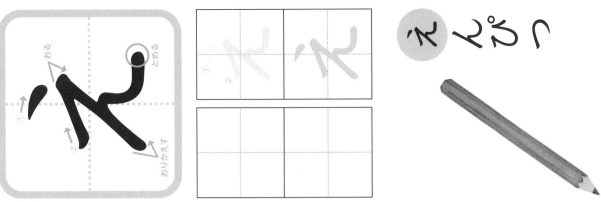

4 かきくけこ

月（がつ） 日（にち）

てん

● かきじゅんに きを つけて、□に ひらがなを かきましょう。

（ぜんぶかけて80てん）

か（①②③ まげる はねる とめる とめる）

かき

き（①②③④ はねる とめる）

きつね

く（① おる とめる）

くるま

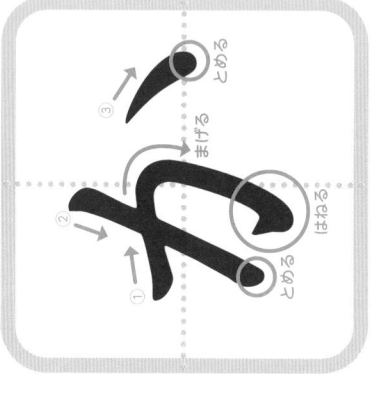

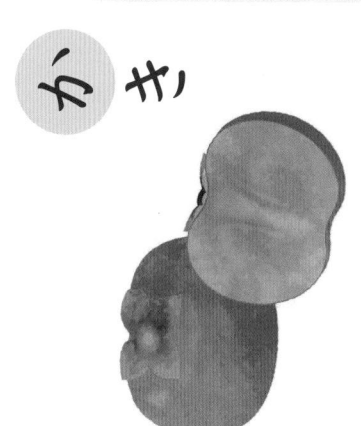

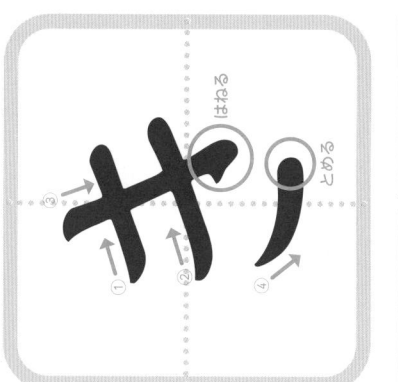

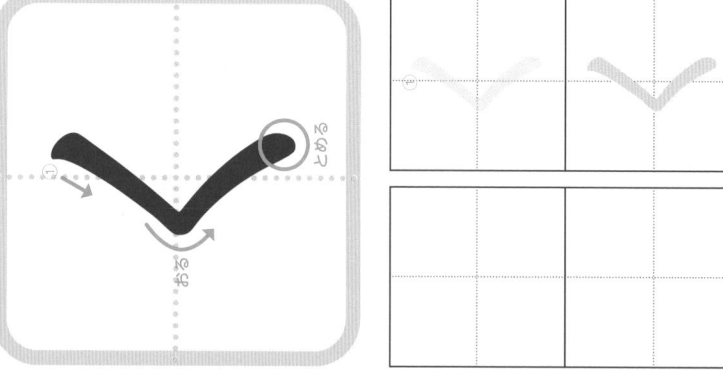

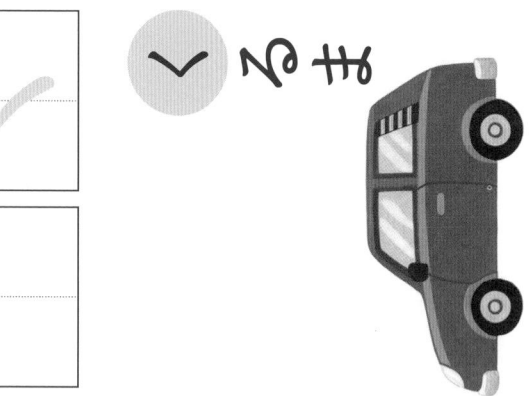

け
（はねる・はらう・とめる）

けいと

こ
（はねる・とめる）

こま

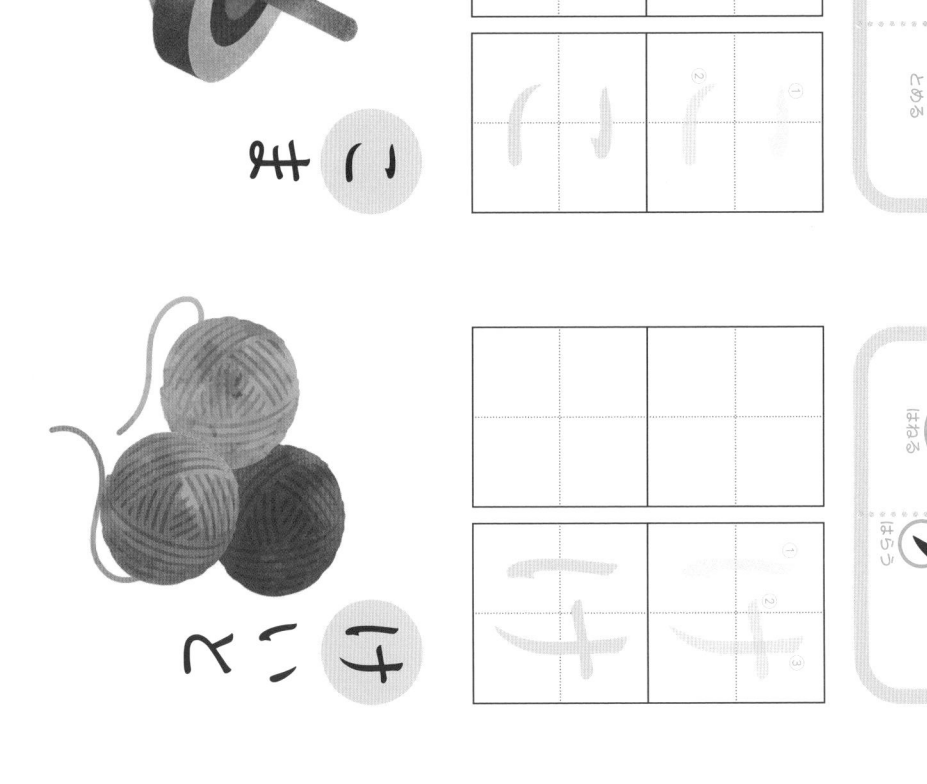

● えを　みて、□に　ただしい　ひらがなを　かきましょう。（1つ10てん）

①

□ぐるま

②

た□

5 さしすせそ

月（がつ）　日（にち）

てん

かきじゅんに　きを　つけて、□に　ひらがなを　かきましょう。

（ぜんぶかけて80てん）

さ
①②③ はねる　とめる

し
① まげる　はらう

す
①② むすぶ　はらう

さいふ

しか

すいか

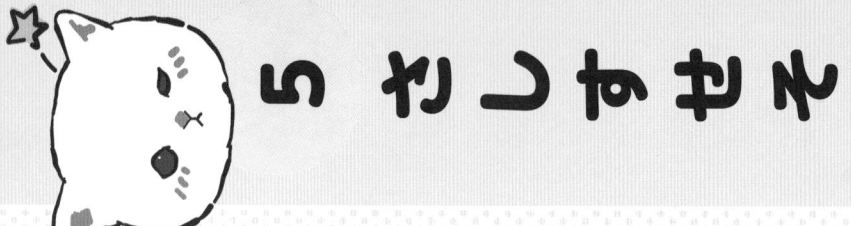

せ
まげる
とめる

そ
おる
おりかえす
おる
とめる

せんす

そら

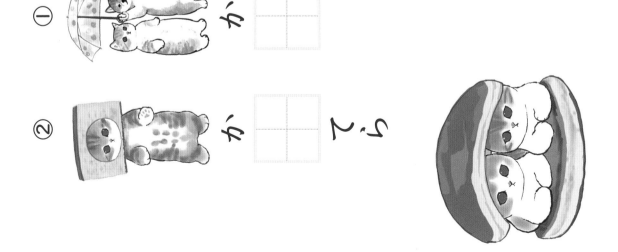

えを　みて、□に　ただしい　ひらがなを　かきましょう。（1つ10てん）

①

か□

②

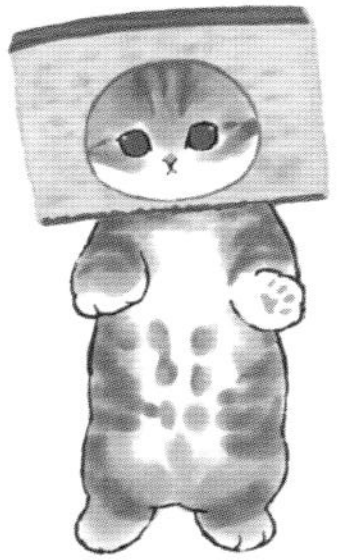

か□てら

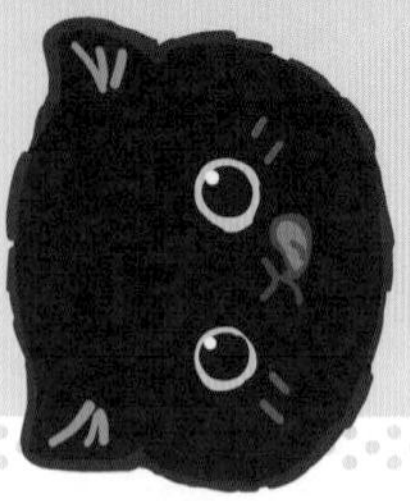

6 たちつてと

がつ 月　にち 日　てん

かきじゅんに きを つけて、□に ひらがなを かきましょう。

（ぜんぶかけて80てん）

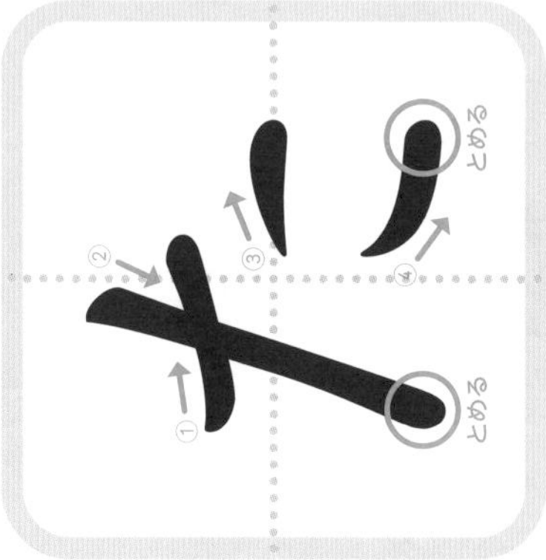
とめる
とめる

たいよう

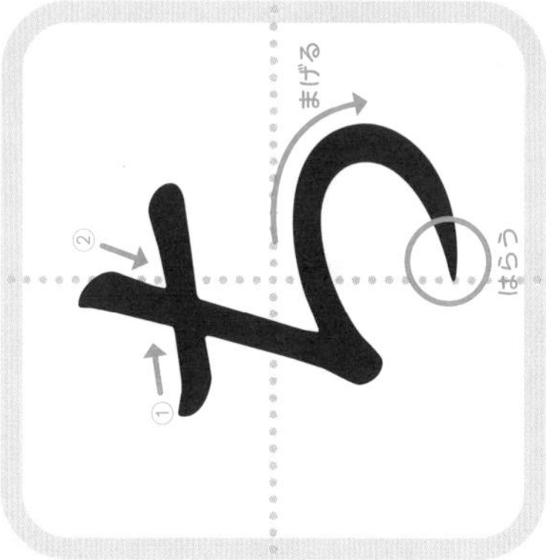
まげる
はらう

ちょう

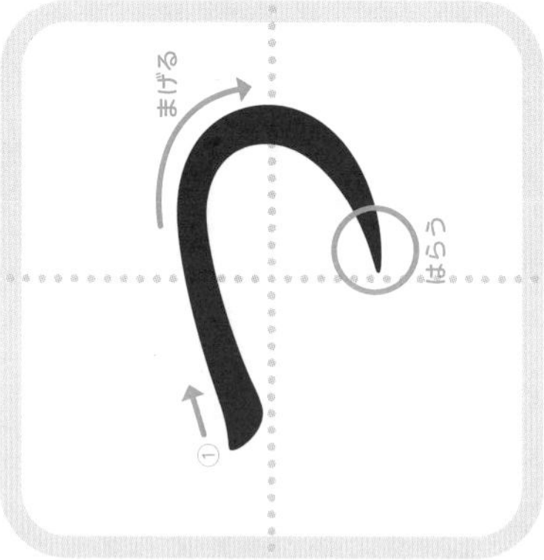
まげる
はらう

つくし

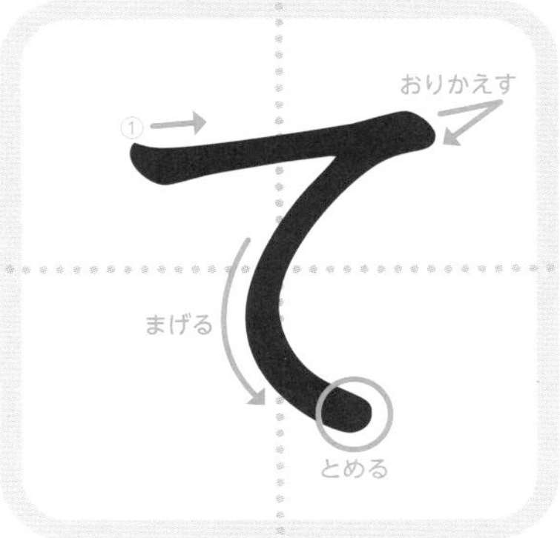
て
おりかえす
まげる
とめる

てがみ

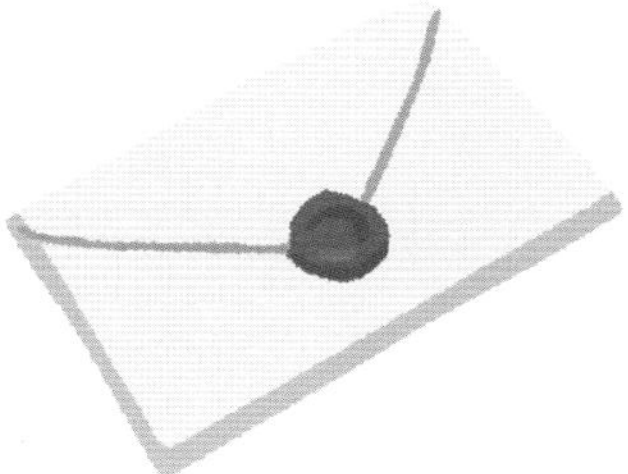

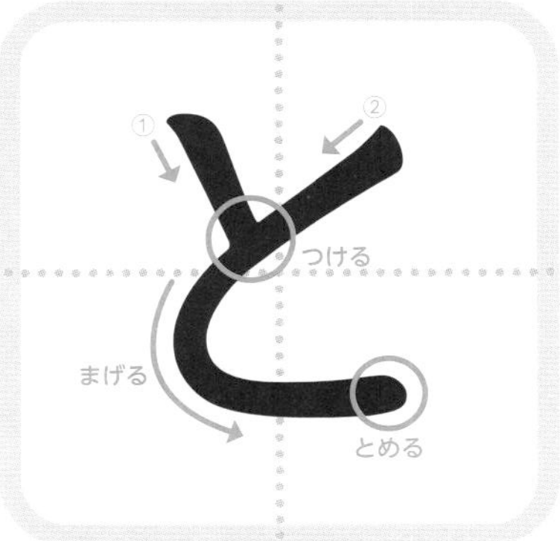
と
つける
まげる
とめる

とら

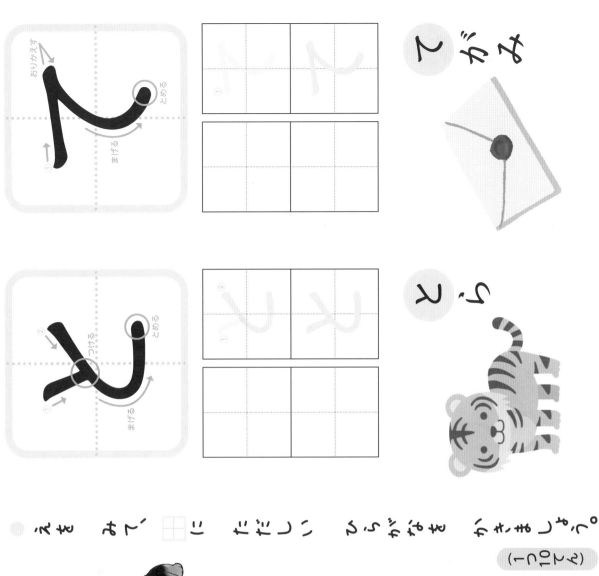

えを　みて、□に　ただしい　ひらがなを　かきましょう。（1つ10てん）

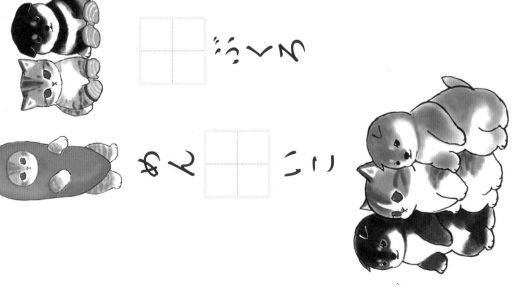

①

□ぶくろ

②

めん□いこ

7 なにぬねの

月　日

てん

かきじゅんに　きを　つけて、□に　ひらがなを　かきましょう。

（ぜんぶかけて80てん）

な
①②③④ むすぶ　とめる

なし

に
①②③ はねる　とめる

にじ

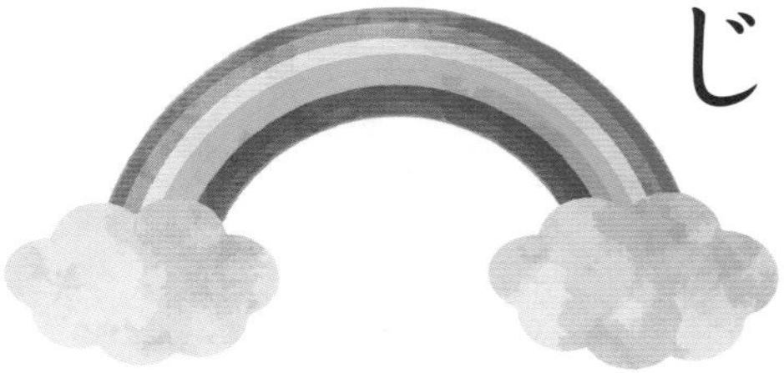

ぬ
①② まげる　とめる　むすぶ　とめる

いぬ

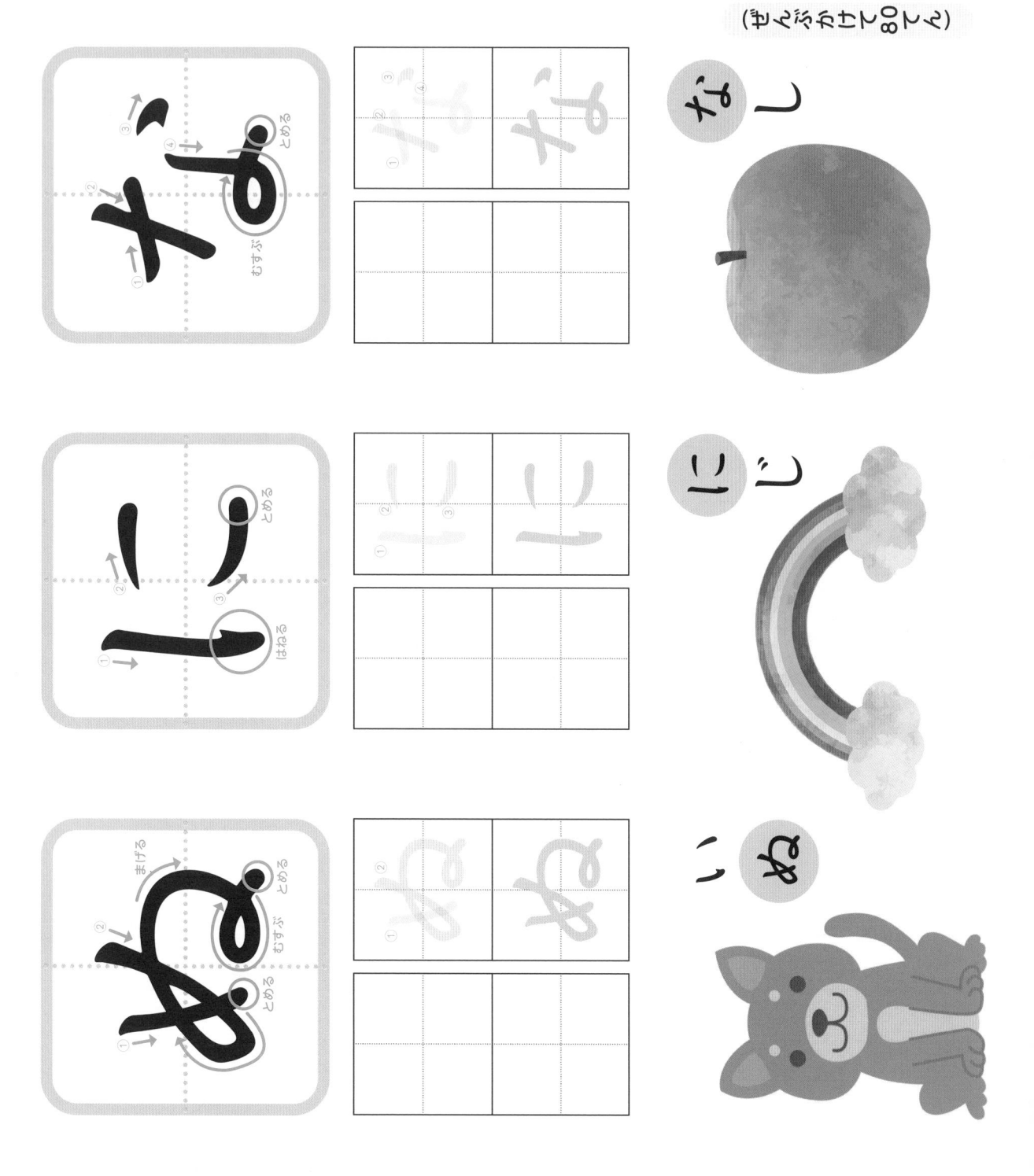

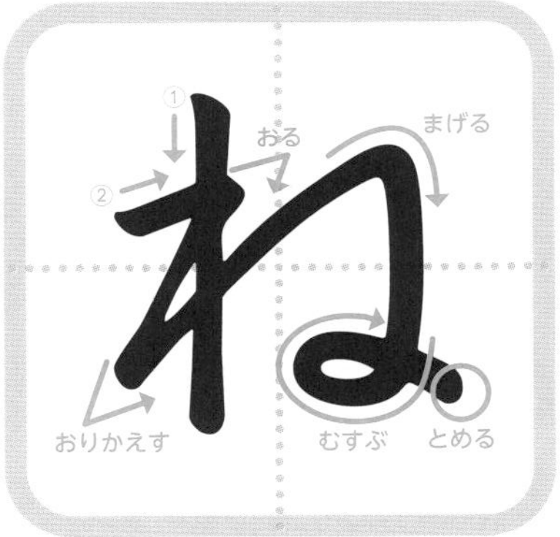
ね
おる
まげる
おりかえす
むすぶ
とめる

ねこ

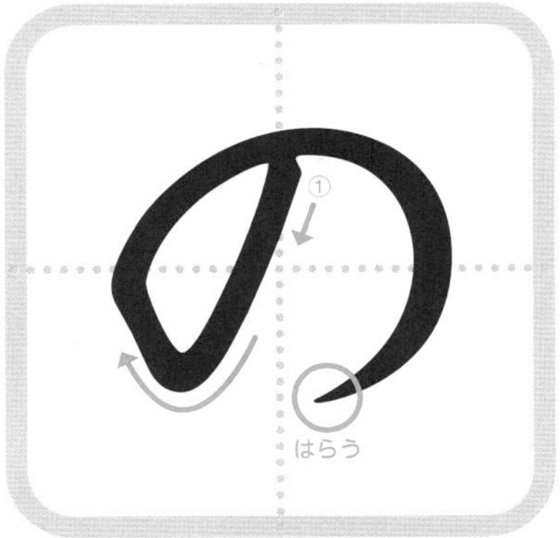
の
はらう

のこぎり

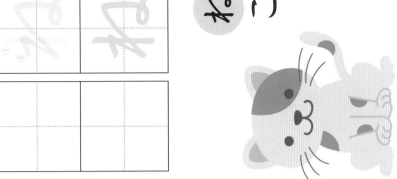

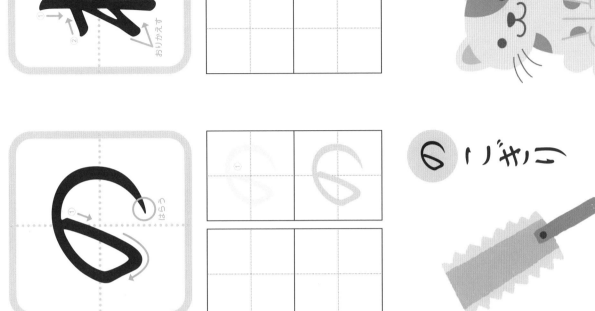

● えを　みて、□に　ただしい　ひらがなを　かきましょう。（1つ10てん）

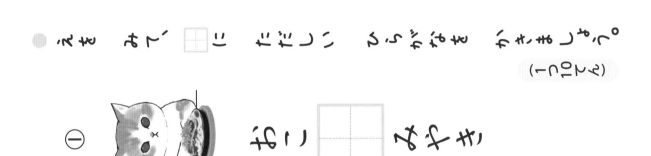

①

おこ□みやき

②

□みだ

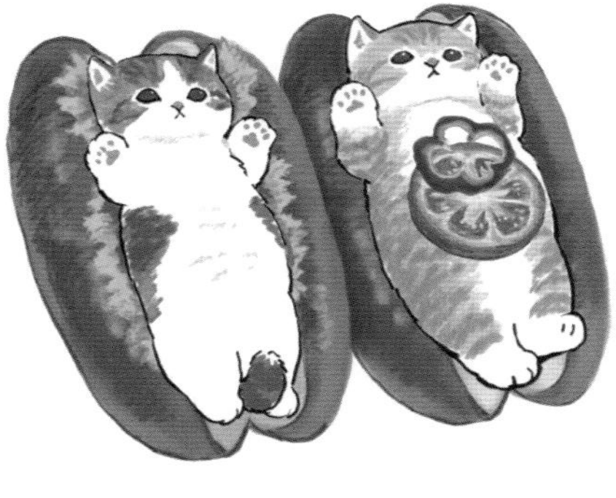

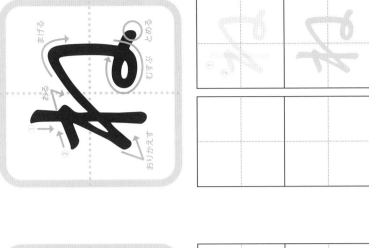

8 はひふへほ

月　日

てん

● かきじゅんに　きを　つけて、□に　ひらがなを　かきましょう。

（ぜんぶかけて80てん）

は

①②③ はねる　むすぶ　とめる

は　は

はさみ

ひ

① おる　おりかえす　とめる　まげる

ひ　ひ

ひよこ

ふ

①②③④ はらう　とめる

ふ　ふ

ふね

へ

①

おる

とめる

へ ①

へ

へちま

ほ

①②③④

はねる

むすぶ

とめる

ほ ①②③④

ほ

ほうき

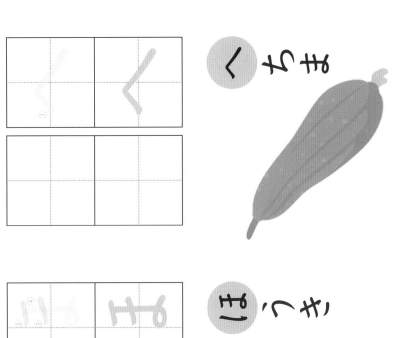

● えを　みて、□に　ただしい　ひらがなを　かきましょう。（1つ10てん）

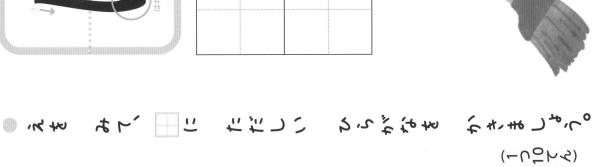

①

□らまき

②

□ぐ

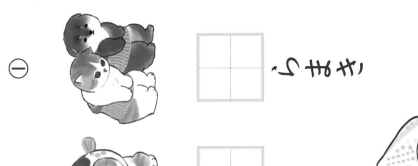

9 まみむめも

月　日

てん

かきじゅんに　きを　つけて、□に　ひらがなを　かきましょう。
（ぜんぶかけて80てん）

ま（むすぶ・とめる）

まくら

み（むすぶ・はらう・とめる）

みかん

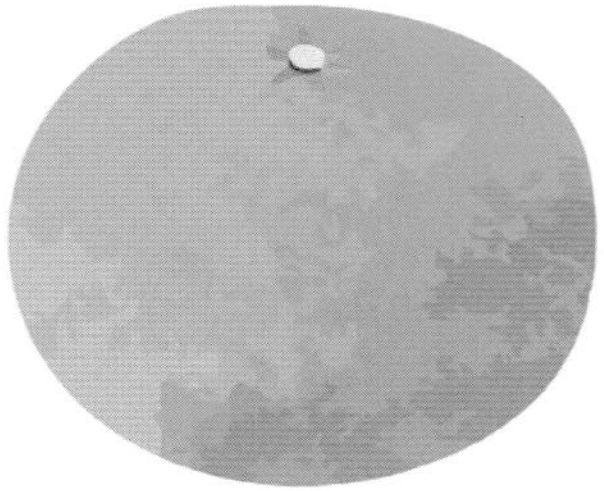

む（むすぶ・はらう）

むぎ

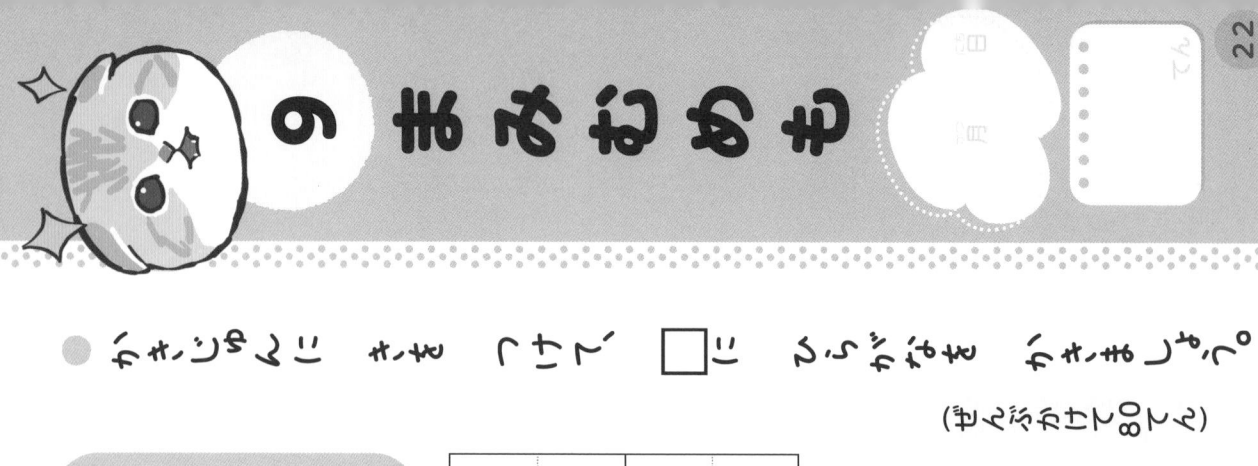

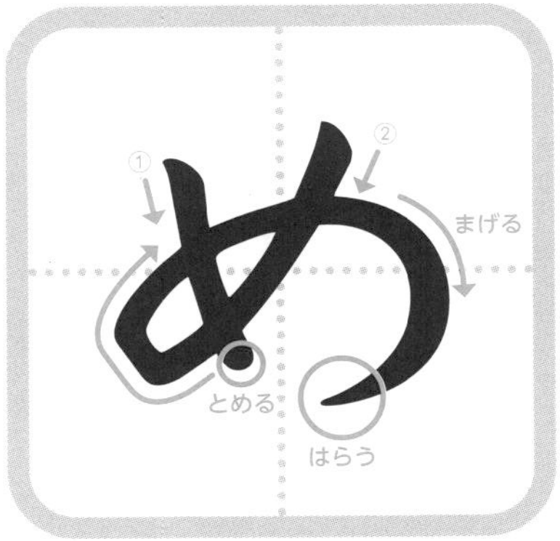

め
①
②
まげる
とめる
はらう

かめ

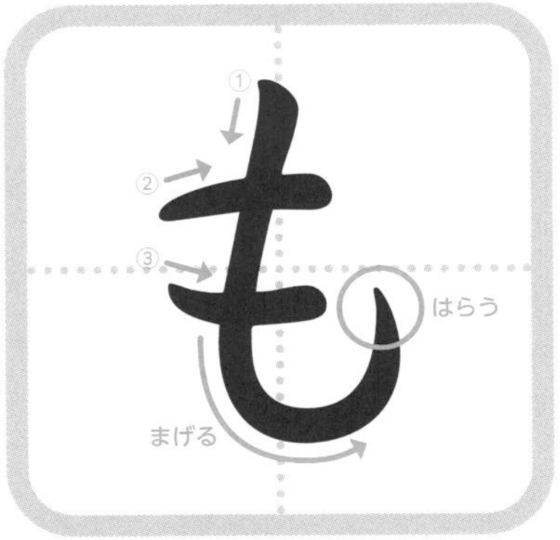

も
①
②
③
はらう
まげる

もみじ

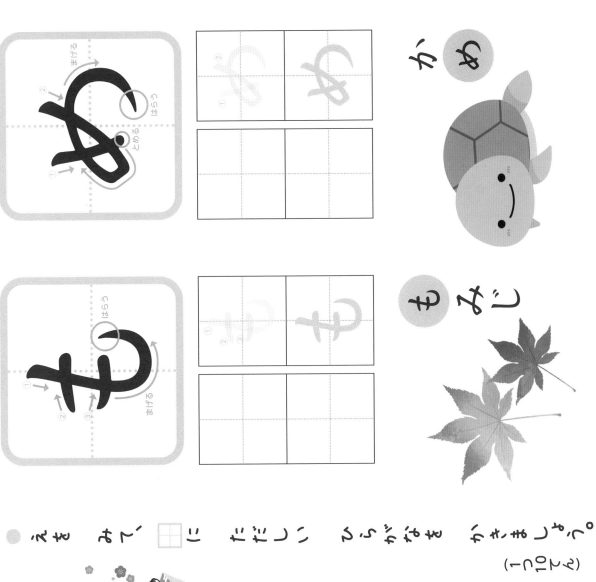

えを　みて、□に　ただしい　ひらがなを　かきましょう。（1つ10てん）

①

おとしだ□

②

も□

10 やゆよ

月　日

てん

かきじゅんに　きを　つけて、□に　ひらがなを　かきましょう。
（ぜんぶかけて60てん）

や
とめる
はらう

やぎ

ゆ
おりかえす
はらう

ゆうひ

よ
むすぶ
とめる

よる

えを　みて、□に　ただしい　ひらがなを　かきましょう。

（1つ10てん）

①

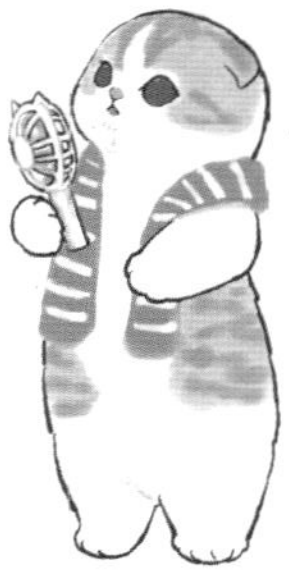

□あがり

②

なか□し

③

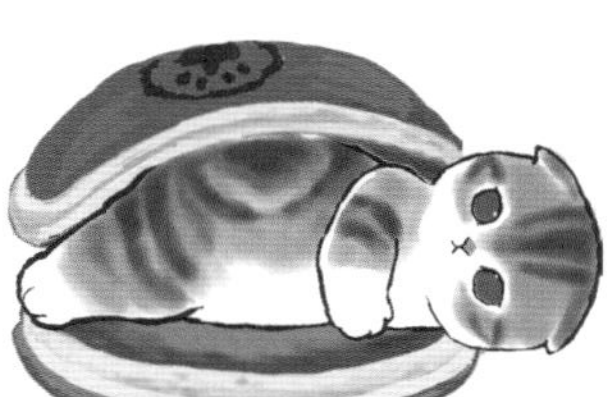

どら□き

④

しょう□

11 らりるれろ

月　日

てん

かきじゅんに　きを　つけて、□に　ひらがなを　かきましょう。

（ぜんぶかけて80てん）

ら

①
②
はねる
まげる
おる
はらう

さくら

り

①
②
はねる
はらう

りす

る

①
おる
まげる
おりかえす
むすぶ

さる

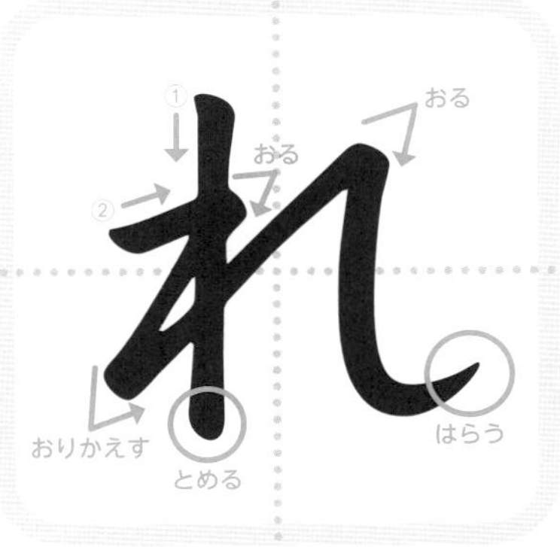
れ
おる
おる
おりかえす
とめる
はらう

れもん

ろ
おる
まげる
おりかえす
はらう

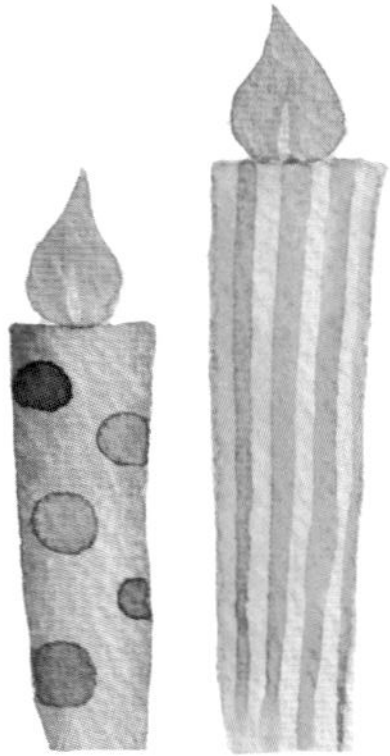

ろうそく

えを みて、□に ただしい ひらがなを かきましょう。（1つ10てん）

① 

こあ□

② 

し□くま

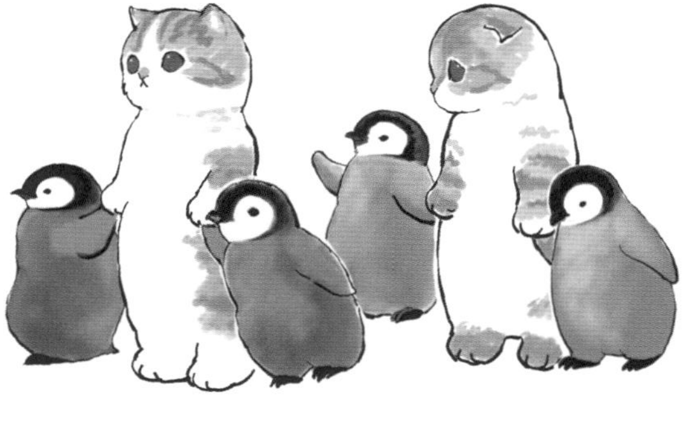

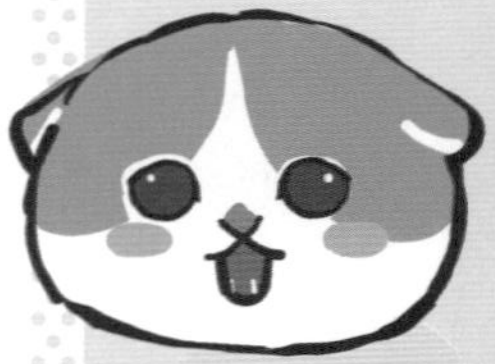

12 わをん

がつ 月　にち 日

てん

かきじゅんに　きを　つけて、□に　ひらがなを　かきましょう。

（ぜんぶかけて50てん）

おる
まげる
おりかえす
とめる
はらう

わに

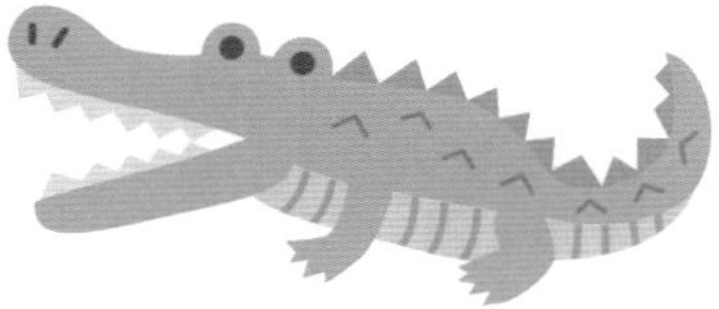

おりかえす
まげる
とめる
とめる

てをあらう

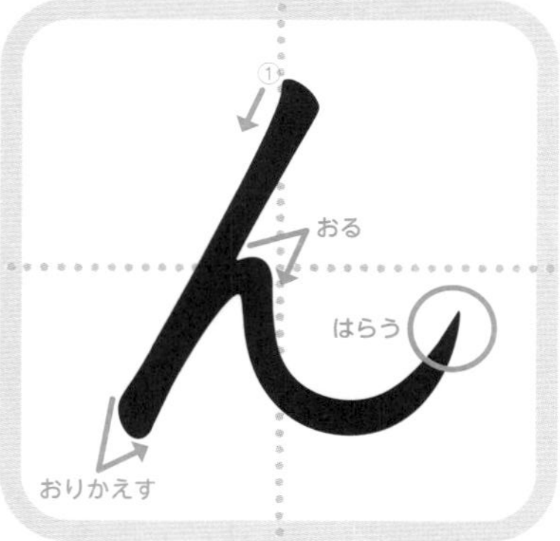

おる
はらう
おりかえす

ほん

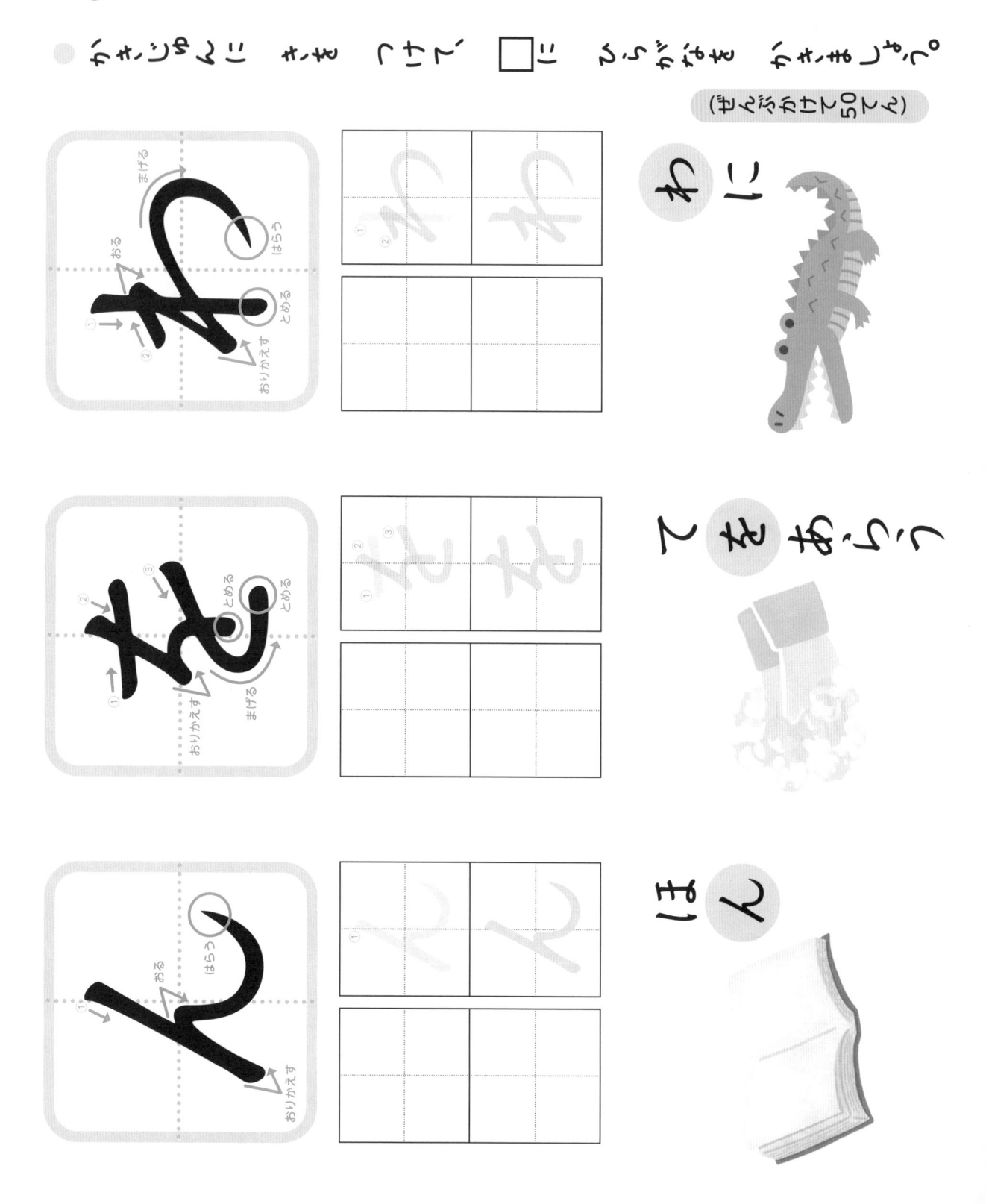

えを みて、□に ただしい ひらがなを かきましょう。

（1つ10てん）

①

ひま□り

②

ふく□

きる

③

ぺ□ぎ□

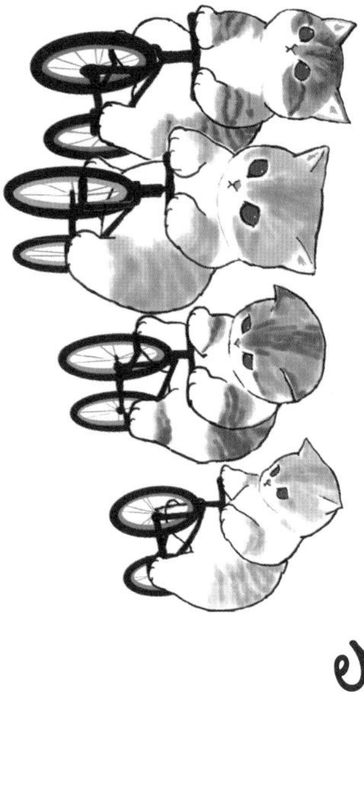

④

ゆめ□

みる

⑤

ふじさ□

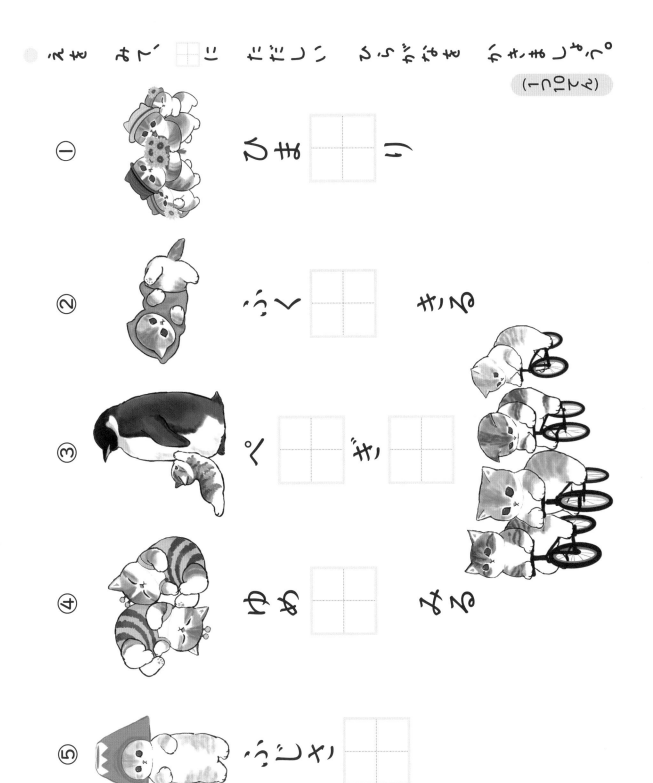

13 「゛」「゜」の つく ひらがな

月 日　てん

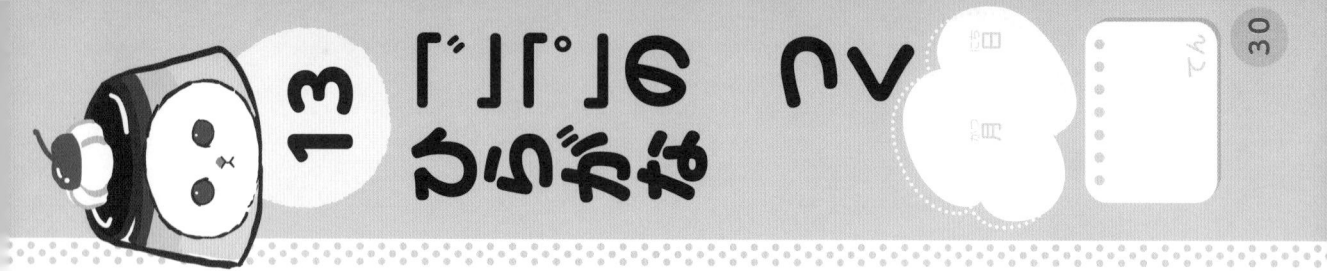

● 「゛」「゜」は もじの みぎうえに かきます。

（ぜんぶかけて50てん）

れい

ば　ぱ

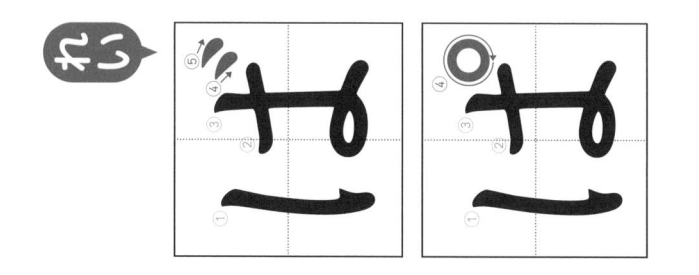

● 「゛」「゜」の つく ひらがなを かきましょう。

①	が	ぎ	ぐ	げ	ご
②	ざ	じ	ず	ぜ	ぞ
③	だ	ぢ	づ	で	ど
④	ば	び	ぶ	べ	ぼ
⑤	ぱ	ぴ	ぷ	ぺ	ぽ

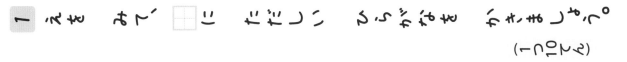

1 えを　みて、□に　ただしい　ひらがなを　かきましょう。（1つ10てん）

①

く□

②

□た

2 もじを　なぞって、えと　ことばを　せんで　むすびましょう。（1つ10てん）

①

● ●　こぐま

②

● ●　あざらし

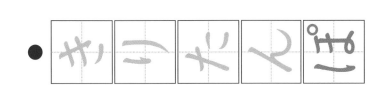

③

● ●　きりたんぽ

14 ちいさく かく ひらがな「ゃ」「ゅ」「ょ」「っ」

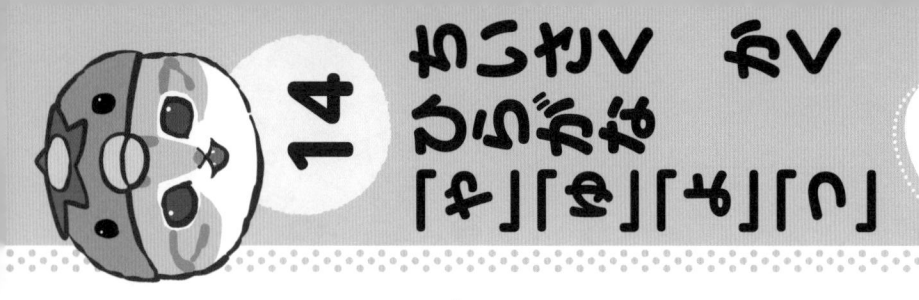

がつ 月　にち 日

てん

● ちいさく かく 「ゃ」「ゅ」「ょ」「っ」は みぎうえの かどに かきます。

ゃ	ゅ	ょ	っ

● えを みて、□に ただしい ひらがなを かきましょう。（1つ10てん）

①  にくき□う

② 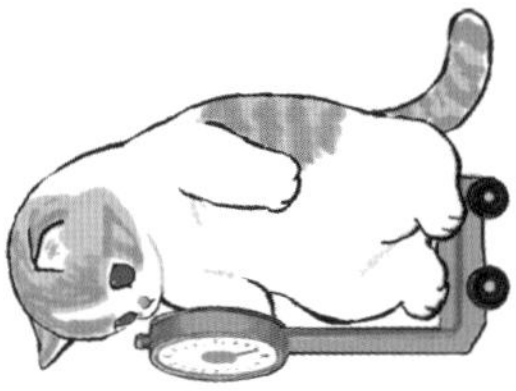 たいじ□うけい

③  でんし□ご□こ

1 ただしい　ほうの（　　）に　○を　かきましょう。（1つ10てん）

①

（　　）らつこ

（　　）らっこ

②

（　　）しゅうまい

（　　）しゃうまい

③

（　　）じてんしょ

（　　）じてんしゃ

2 ちいさく　かく　ひらがなを　○で　かこみましょう。（1つ20てん）

① なつとうを　じようずに　たべました。

② りよこうに　いつてきます。

15 じゅんばんに つなごう

月　日

てん

「あ」から「ん」までを　じゅんばんに　せんで　つなぎましょう。

（ぜんぶで100てん）

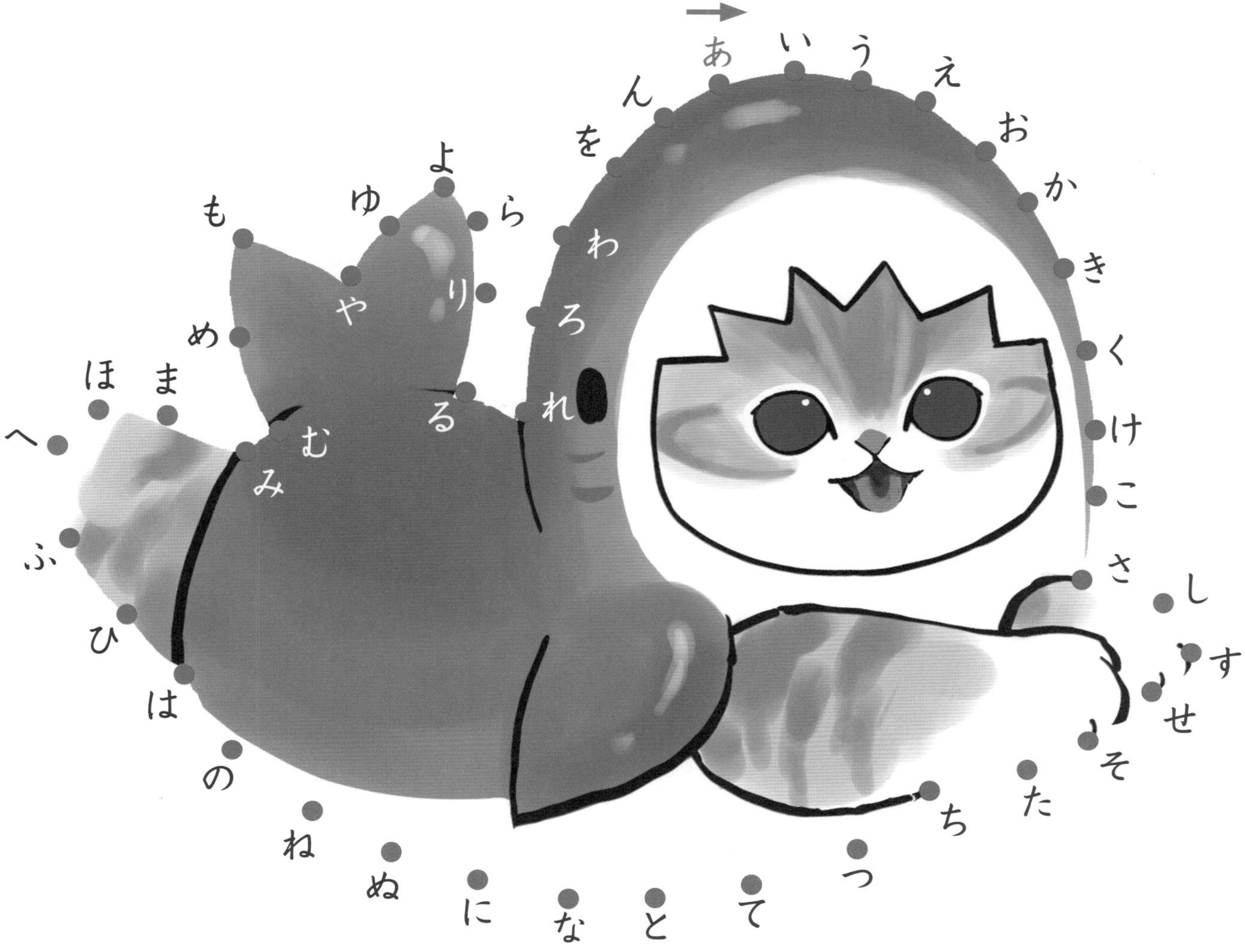

あ
い
う
え
お
か
き
く
け
こ
さ
し
す
せ
そ
た
ち
つ
て
と
な
に
ぬ
ね
の
は
ひ
ふ
へ
ほ
ま
み
む
め
も
や
ゆ
よ
ら
り
る
れ
ろ
わ
を
ん

16 のばす　おん

月　日

てん

□に　ひらがなを　かいて、　えと　ことばを　せんで　むすびましょう。（1つ25てん）

● うんど□

● おか□さん

● かきご□り

● そ□がんきょう

17 かたちの にた ひらがな

がつ 月　にち 日　　てん

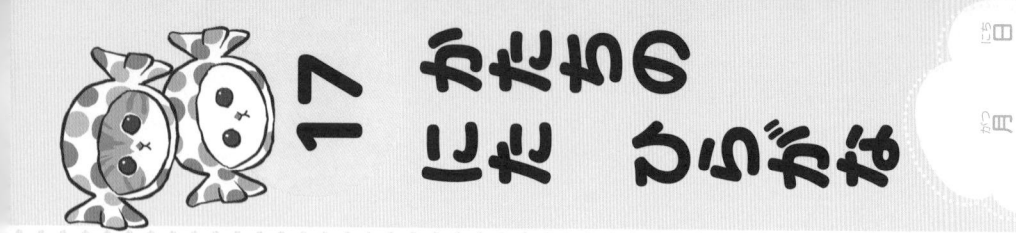

● かたちに きを つけて □に ひらがなを かきましょう。

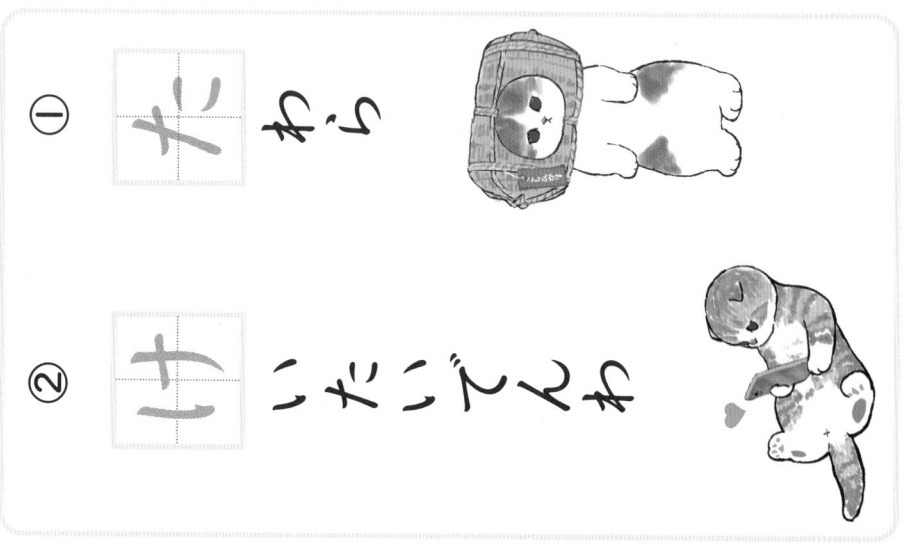

（1つ20てん）

① たわら

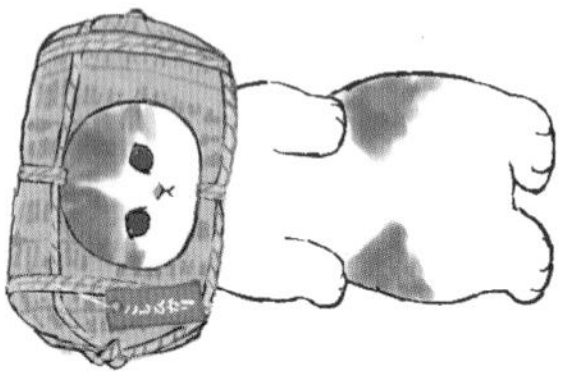

② けいたいでんわ

③ やさい

④ めだまやき

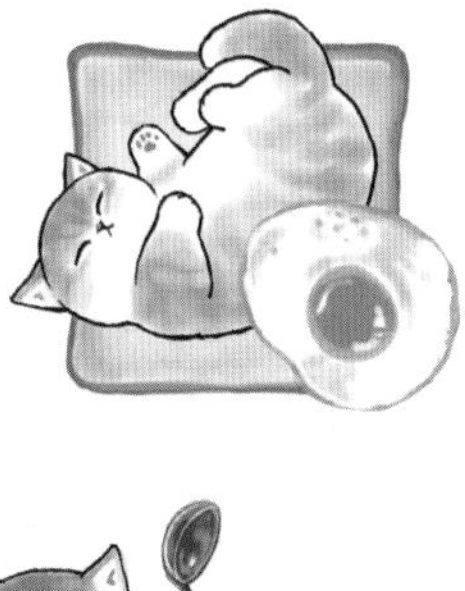

⑤ りょうり

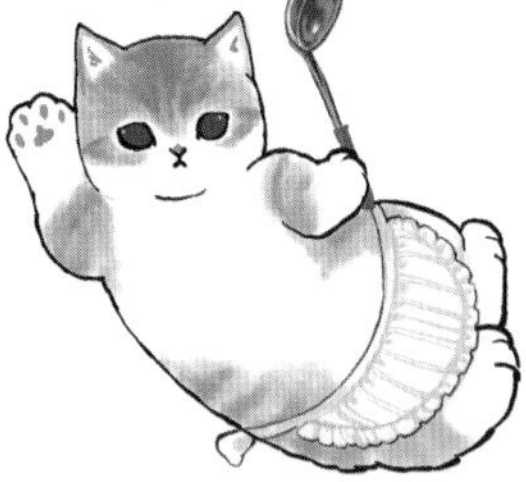

うどん

18「は」「を」「へ」

月　日

てん

□に　はいる　ひらがなを　[ ]から　えらんで　かきましょう。（1つ20てん）

① ぼく□［わ・は］にゃんこです。

② おやつ□［を・お］たべます。

③ がっこう□［え・へ］はしって　いきます。

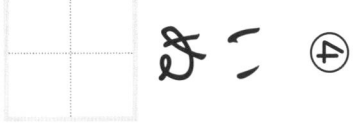

④ いぬ□［は・わ］ともだちです。

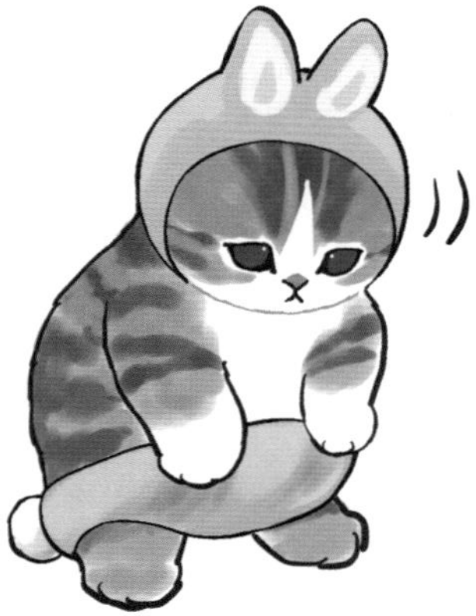

⑤ ふく□［お・を］きます。

19 なぞなぞ

がつ　にち
月　日

／90てん

● こたえを □に かきましょう。

（1つ30てん）

① 「りんりんりんりんりん」と おとが する
へだものは なに？

② 「え」なのに 「お」になる かおは
どんな かお？

③ 「うみ」で あるくと よこに すすむけれど
うしろには もどれない どうぶつは なに？

ひんと

① 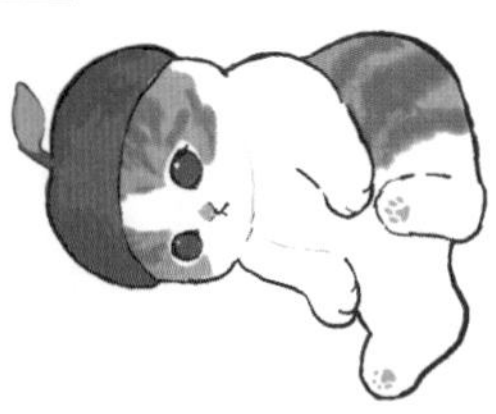

② 

③ 

カタカナの　ひょう

ひらがなとの　ちがいに　きをつけながら　おぼえましょう。
なぞったり　こえに　だして　れんしゅうを　しましょう。

ン	ワ	ラ	ヤ	マ	ハ	ナ	タ	サ	カ	ア
	(イ)	リ	(イ)	ミ	ヒ	ニ	チ	シ	キ	イ
	(ウ)	ル	ユ	ム	フ	ヌ	ツ	ス	ク	ウ
	(エ)	レ	(エ)	メ	ヘ	ネ	テ	セ	ケ	エ
	ヲ	ロ	ヨ	モ	ホ	ノ	ト	ソ	コ	オ

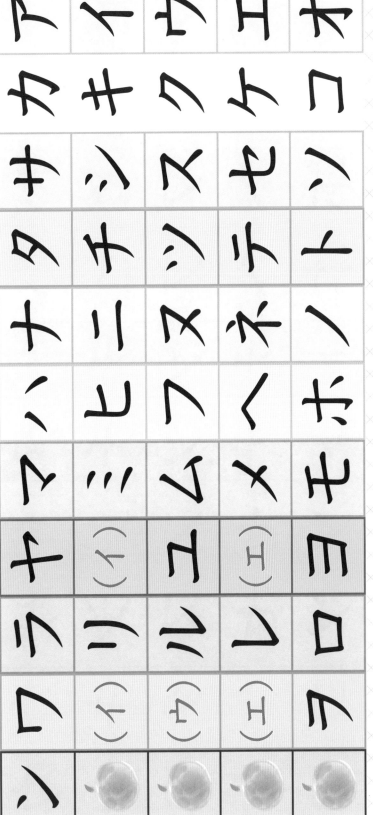

カタカナの　ひょう

「゛」「゜」の　つく　カタカナ

カ	ガ	サ	ザ	タ	ダ	ハ	バ	ハ	パ
キ	ギ	シ	ジ	チ	ヂ	ヒ	ビ	ヒ	ピ
ク	グ	ス	ズ	ツ	ヅ	フ	ブ	フ	プ
ケ	ゲ	セ	ゼ	テ	デ	ヘ	ベ	ヘ	ペ
コ	ゴ	ソ	ゾ	ト	ド	ホ	ボ	ホ	ポ

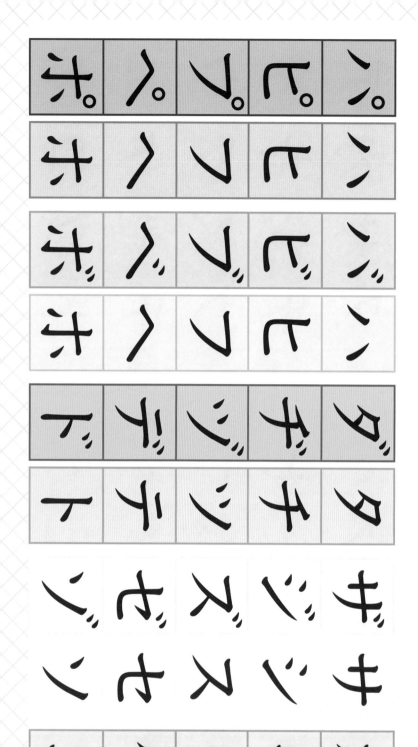

カタカナの　ひょう

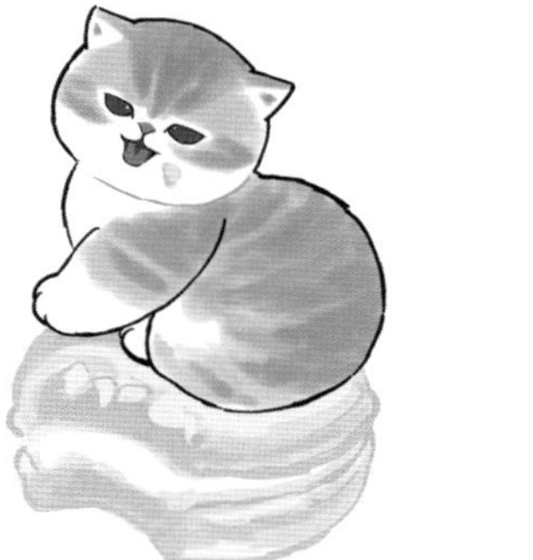

ちいさく　かく　カタカナ
「ャ」「ュ」「ョ」「ッ」

ッ	ピャ	ビャ	ヂャ	ジャ	ギャ	リャ	ミャ	ヒャ	ニャ	チャ	シャ	キャ
	ピュ	ビュ	ヂュ	ジュ	ギュ	リュ	ミュ	ヒュ	ニュ	チュ	シュ	キュ
	ピョ	ビョ	ヂョ	ジョ	ギョ	リョ	ミョ	ヒョ	ニョ	チョ	ショ	キョ

20 アイウエオ

かきじゅんに　きを　つけて、□に　カタカナを　かきましょう。
（ぜんぶかけて80てん）

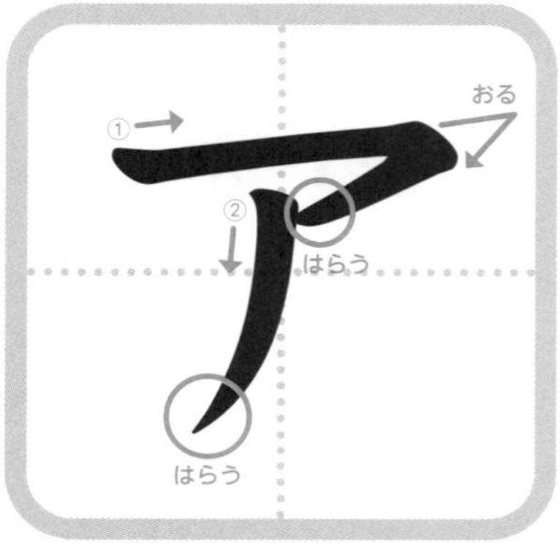
ア
①
②
おる
はらう
はらう

ア　ア

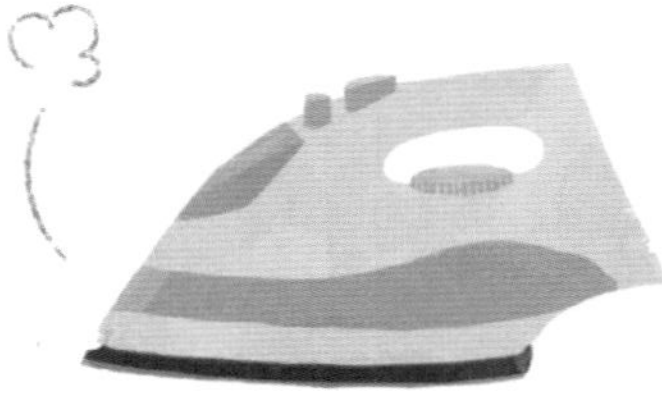

ア
アイロン

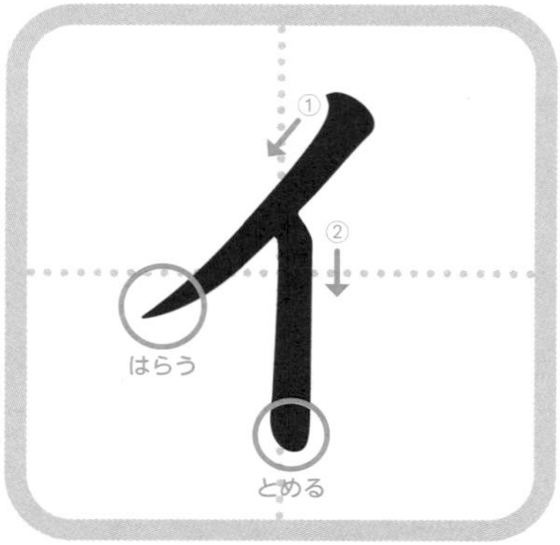
イ
①
②
はらう
とめる

イ　イ

イ
イス

ウ
①
②
③
おる
とめる
はらう

ウ　ウ

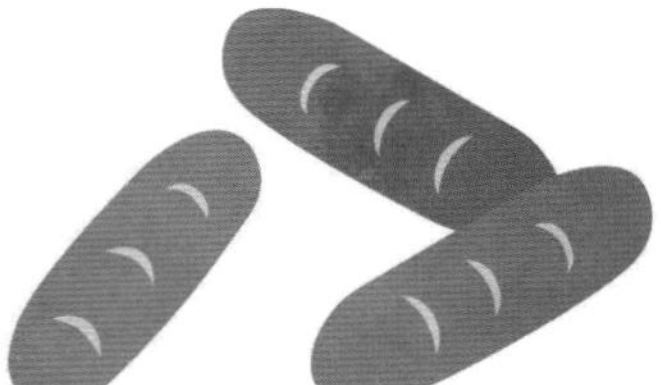

ウ
ウインナー

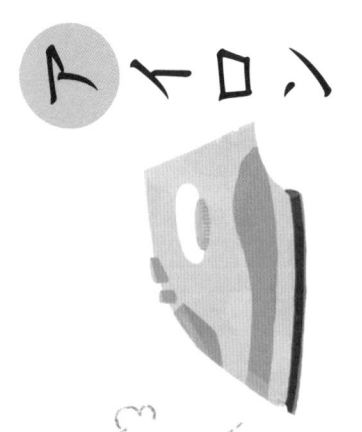

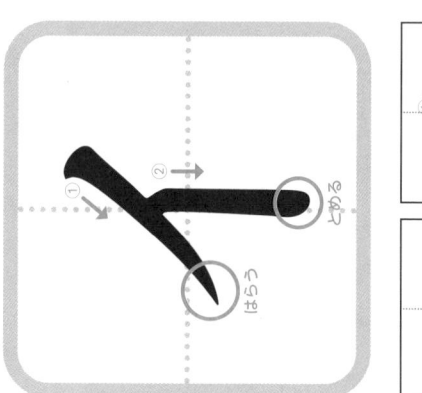

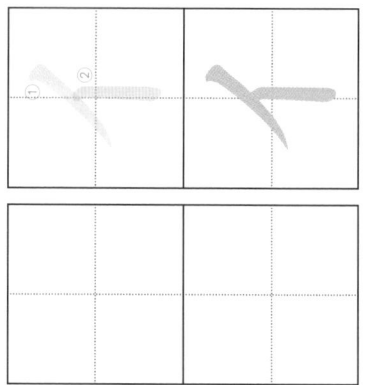

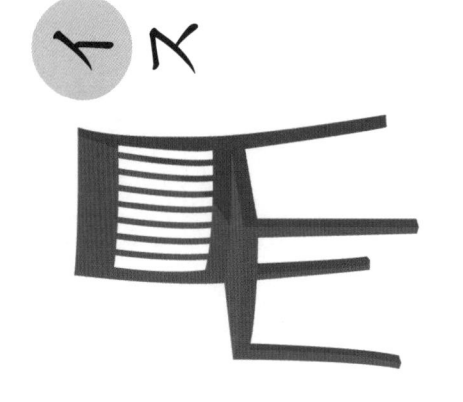

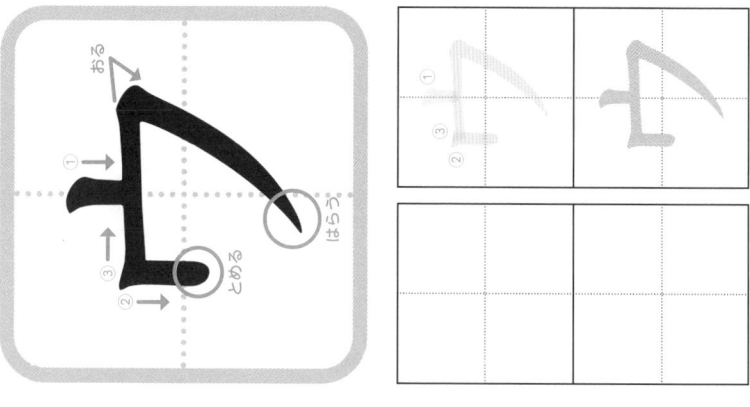

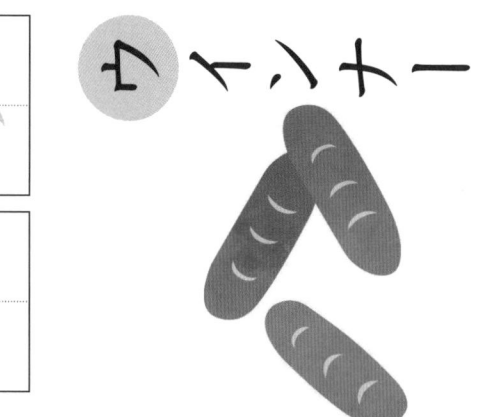

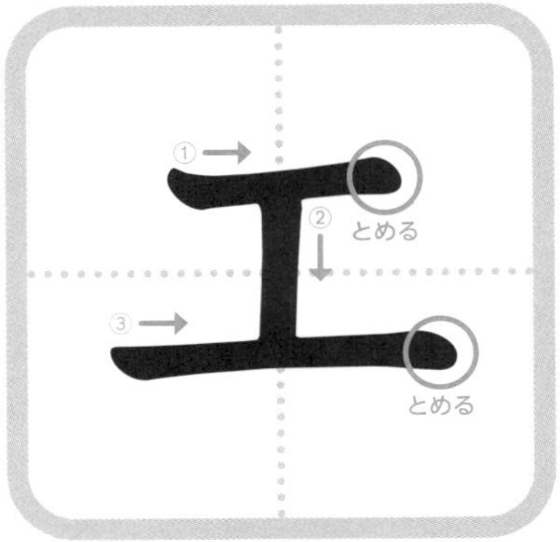
エ
とめる
とめる

エプロン

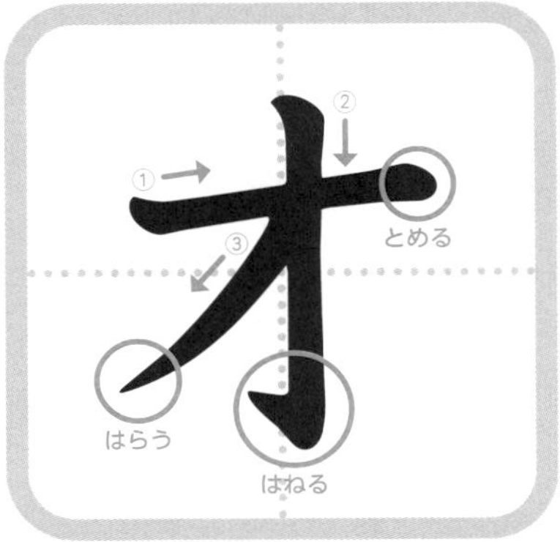
オ
とめる
はらう
はねる

オムライス

● えを　みて、□に　ただしい　カタカナを　かきましょう。
（1つ10てん）

①

□ルパカ

②

□シ

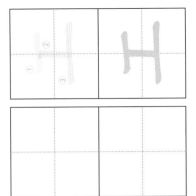

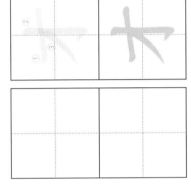

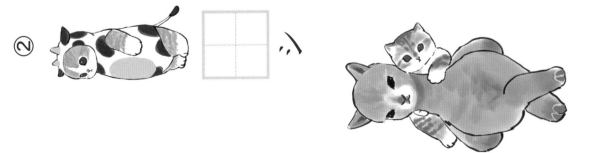

21 カキクケコ

月　日

てん

かきじゅんに　きを　つけて、□に　カタカナを　かきましょう。

（ぜんぶかけて80てん）

カ
①②
はらう
はねる

カ　カ

カレンダー

キ
①②③
とめる
とめる
とめる

キ　キ

キウイ

ク
①②
おる
はらう
はらう

ク　ク

クレヨン

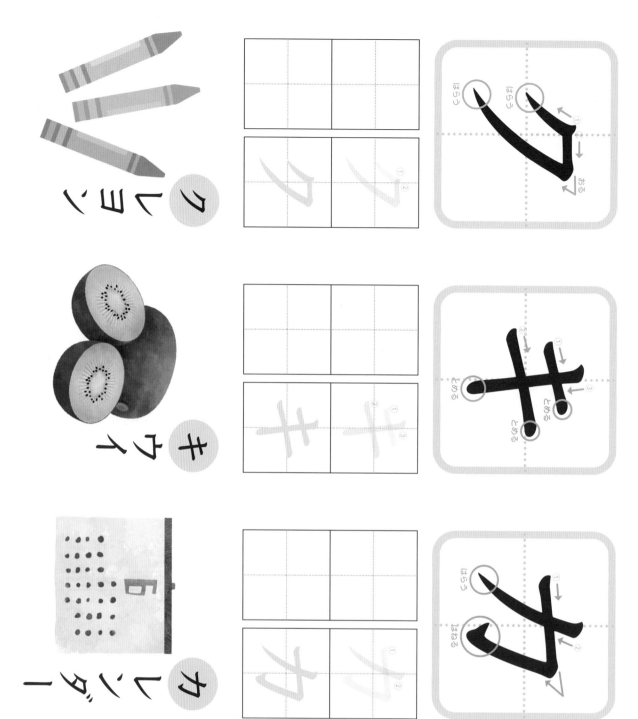

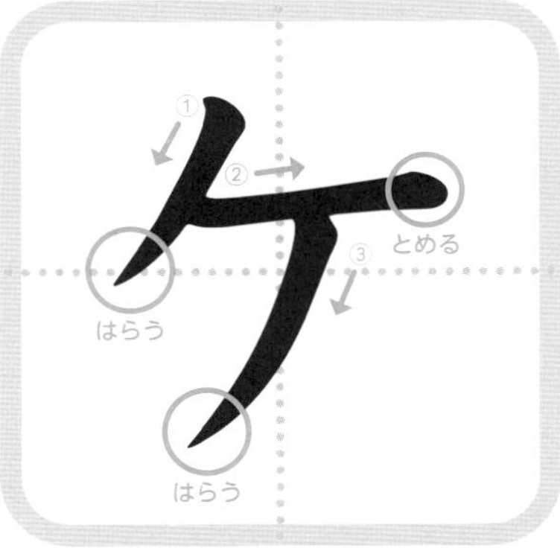
ケ
とめる
はらう
はらう

ケーキ

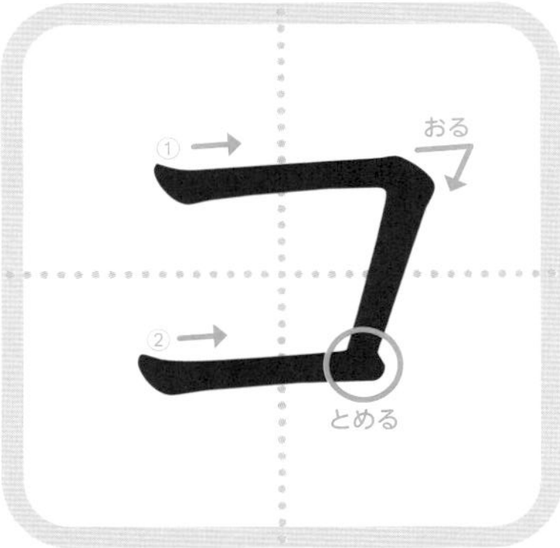
コ
おる
とめる

コップ

えを　みて、□に　ただしい　カタカナを　かきましょう。（1つ10てん）

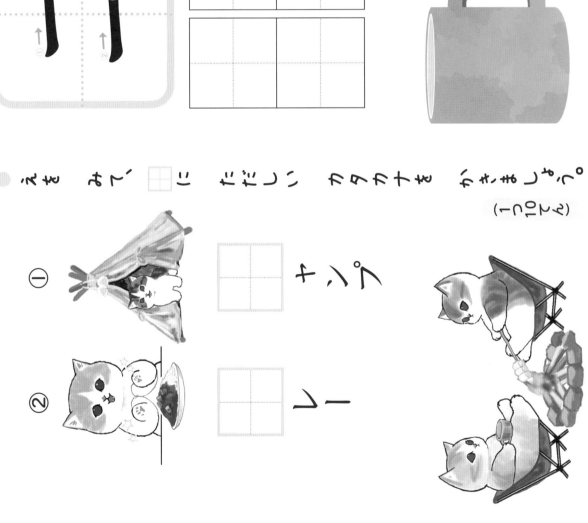

①

□ヤンプ

②

□レー

22 サシスセソ

月 日

てん

かきじゅんに　きを　つけて、□に　カタカナを　かきましょう。

（ぜんぶかけて80てん）

サ　①②③　とめる　はらう

シ　①②③　はらう

ス　①②　おる　はらう　とめる

サンダル

TAXI

タクシー

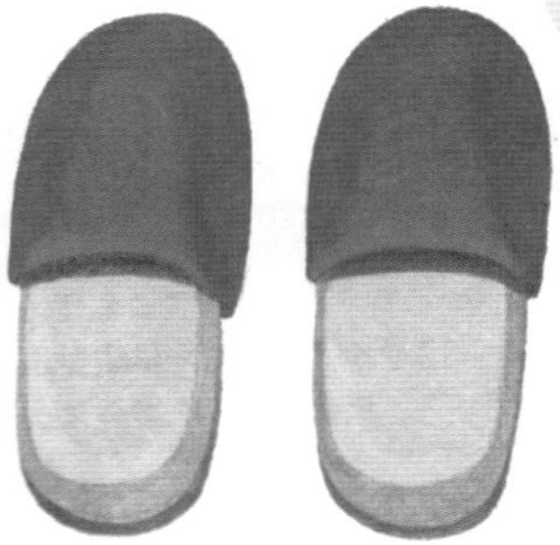

スリッパ

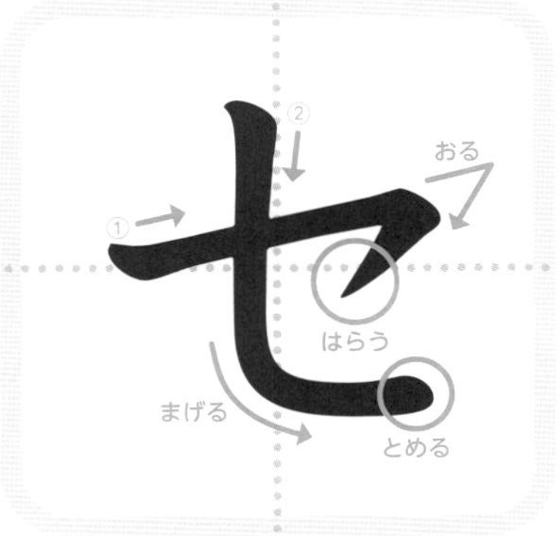
セ
おる
はらう
まげる
とめる

セーター

ソ
はらう

ソーダ

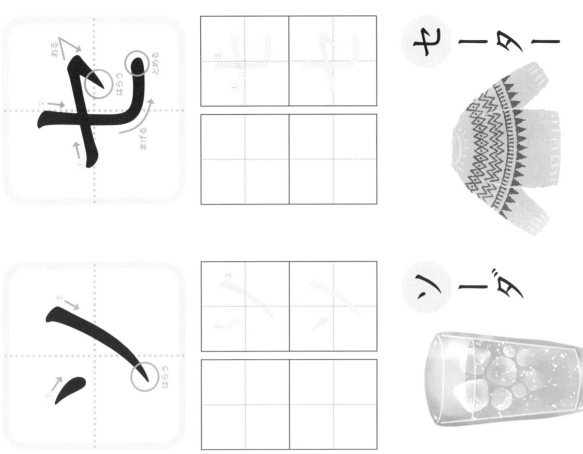

えを　みて、□に　ただしい　カタカナを　かきましょう。

（1つ10てん）

①

パ□コン

②

□ヤチ

23 タチツテト

てん

かきじゅんに　きを　つけて、□に　カタカナを　かきましょう。

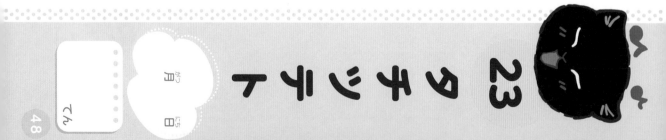

（ぜんぶかけて80てん）

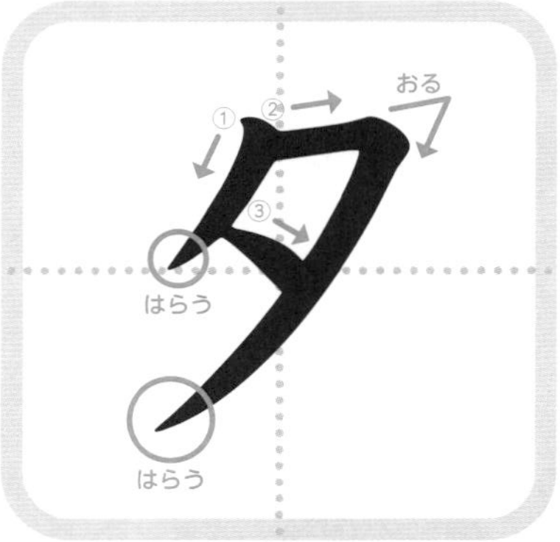

タ
おる
はらう
はらう

タオル

チ
とめる
はらう

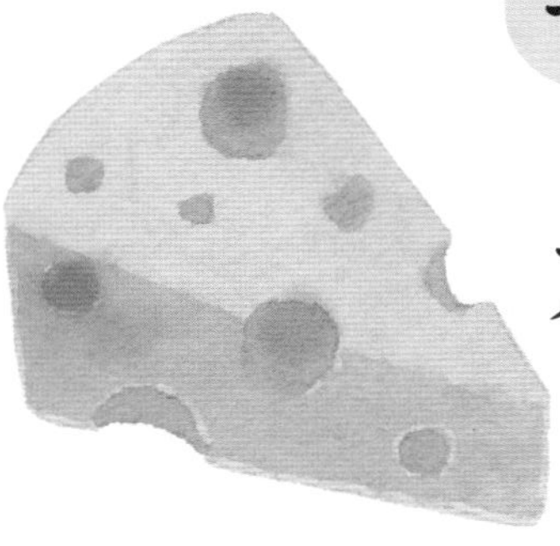

チーズ

ツ
はらう

キャベツ

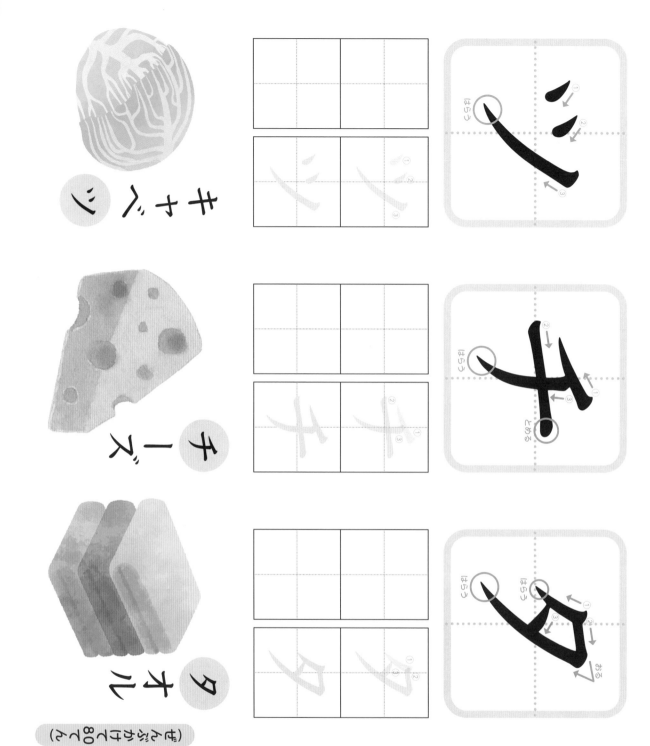

テ

①②③ はらう

ト

①② とめる とめる

テント

トランプ

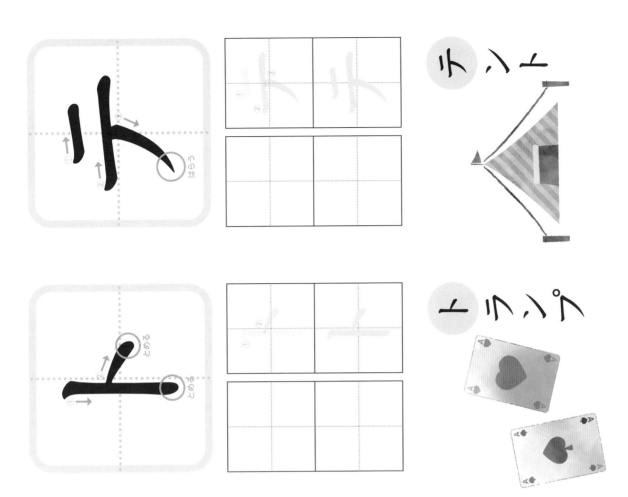

えを　みて、□に　ただしい　カタカナを　かきましょう。（1つ10てん）

① 

ハ□

② 

ドーナ□

24 ナニヌネノ

月　日

てん

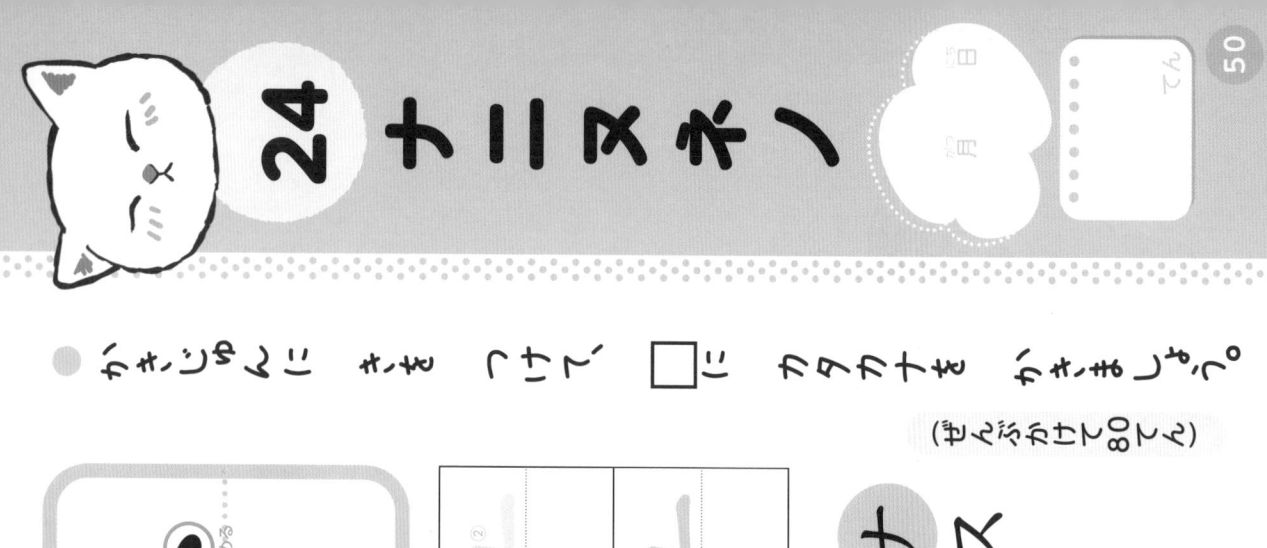

● かきじゅんに　きを　つけて、□に　カタカナを　かきましょう。

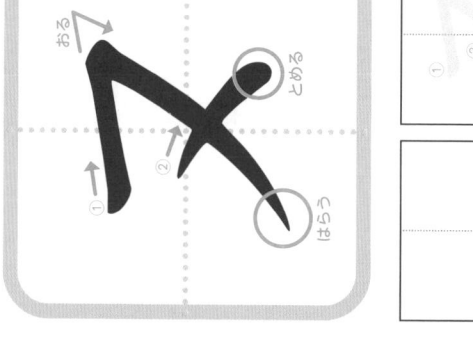

（ぜんぶかけて80てん）

ナ　①　②　とめる　はらう

ナ

ナス

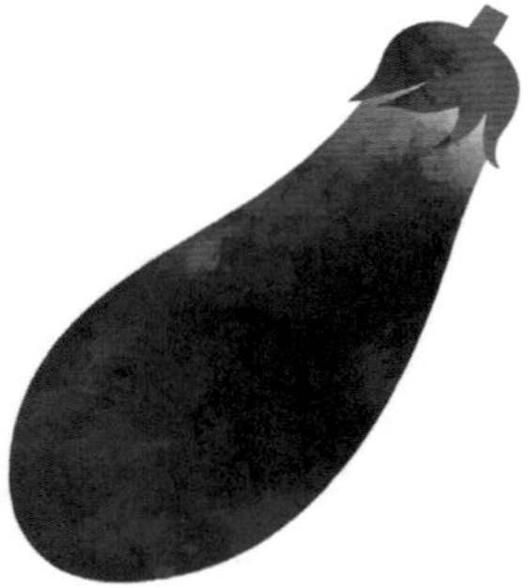

ニ　①　②　とめる

ニ

テニス

ヌ　①　②　おる　とめる　はらう

ヌ

カヌレ

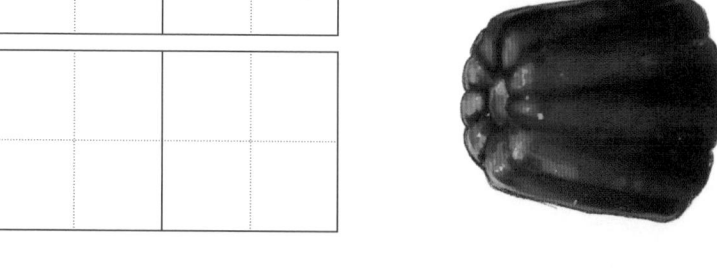

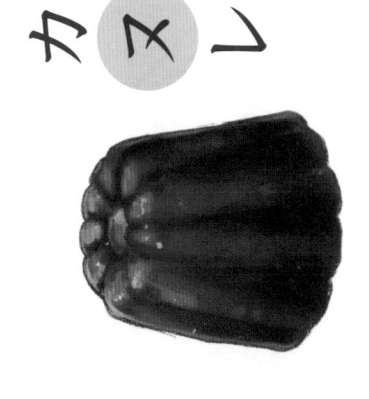

おる
はらう
とめる
とめる

ネクタイ

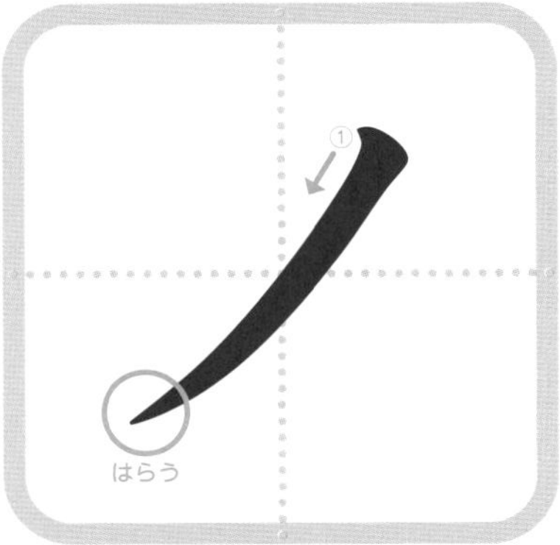

はらう

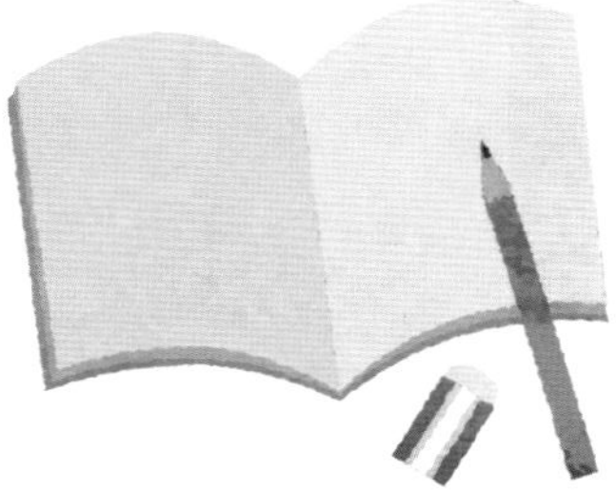

ノート

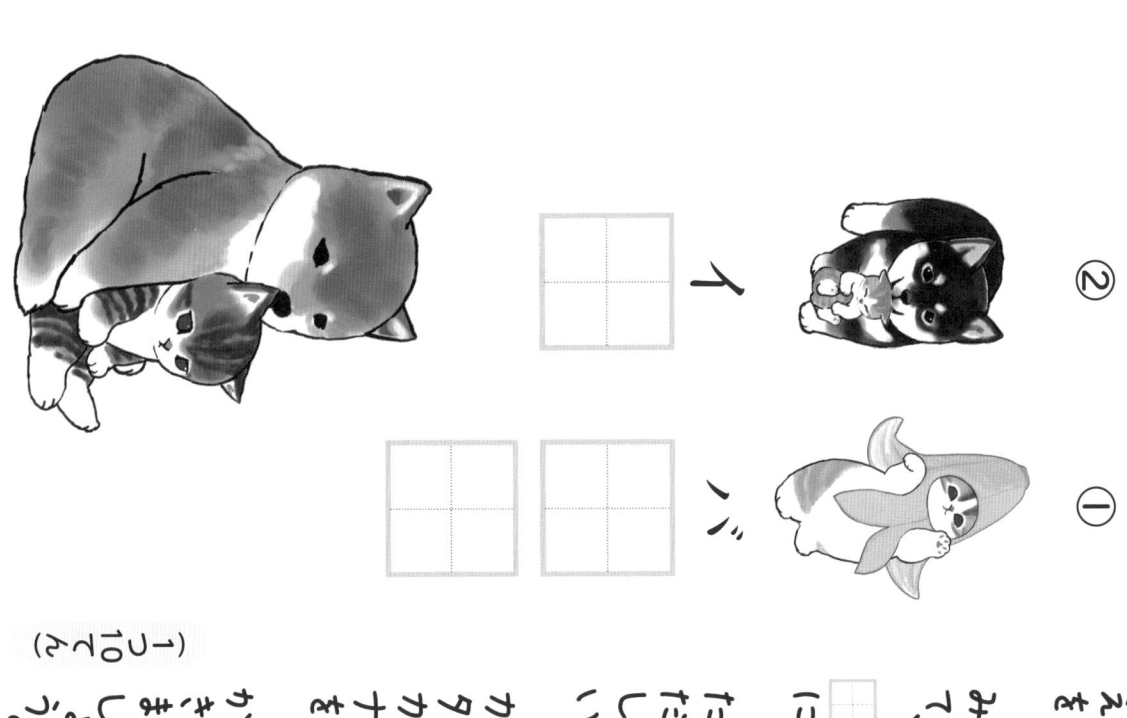

● えを　みて、□に　ただしい　カタカナを　かきましょう。
（1つ10てん）

①

バ

②

イ

25 ハヒフへホ

月　日

てん

● かきじゅんに　きを　つけて、□に　カタカナを　かきましょう。

（ぜんぶかけて80てん）

ハ　①②　はらう　とめる

ハ　ハ

ハンカチ

ヒ　①②　とめる　まげる　とめる

ヒ　ヒ

コーヒー

フ　①　おる　はらう

フ　フ

フライパン

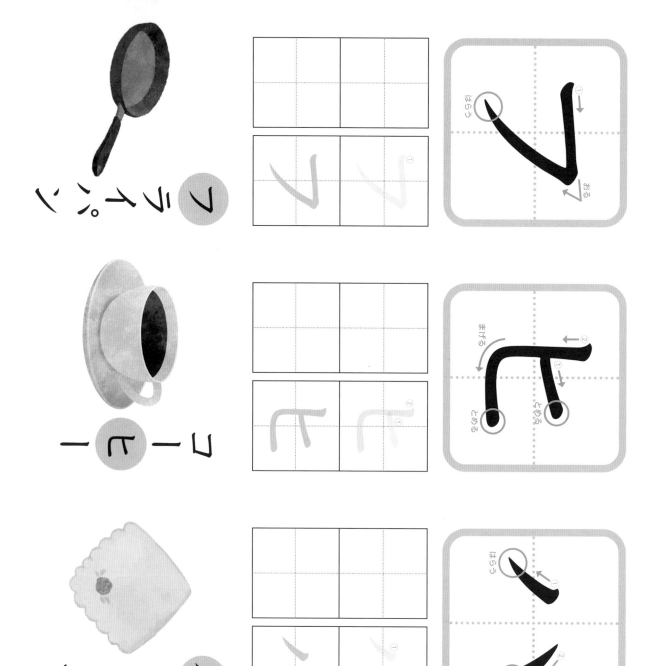

へ

おる
とめる

ヘリコプター

ホ

とめる
はねる
とめる

ホットケーキ

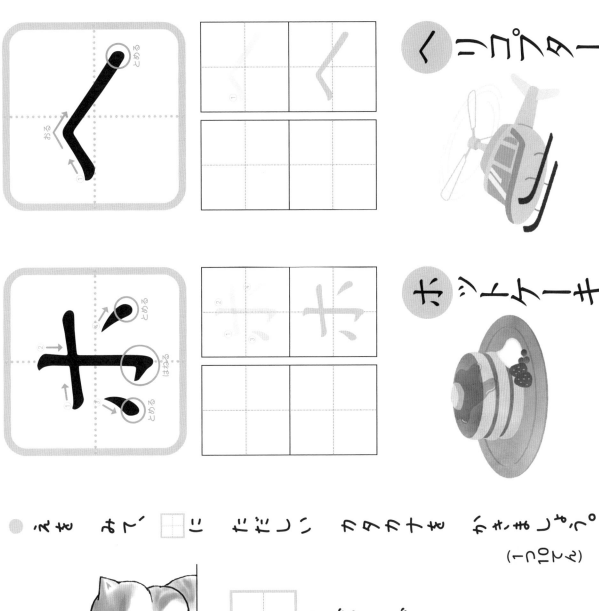

● えを　みて、□に　ただしい　カタカナを　かきましょう。

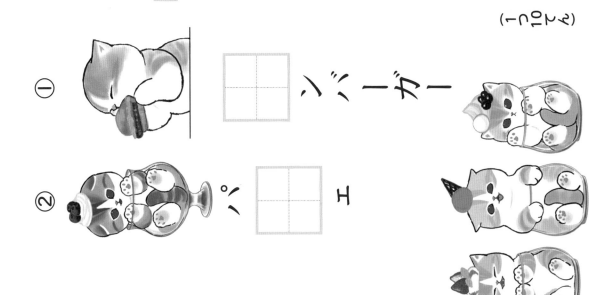

（1つ10てん）

①

□ンバーガー

②

パ□エ

26 マミムメモ

月　日

てん

● かきじゅんに　きを　つけて、□に　カタカナを　かきましょう。（ぜんぶかけて80てん）

マ
①　②
はらう　とめる

ミ
①　②　③
とめる　とめる　とめる

ム
①　②
おる　とめる

マイク

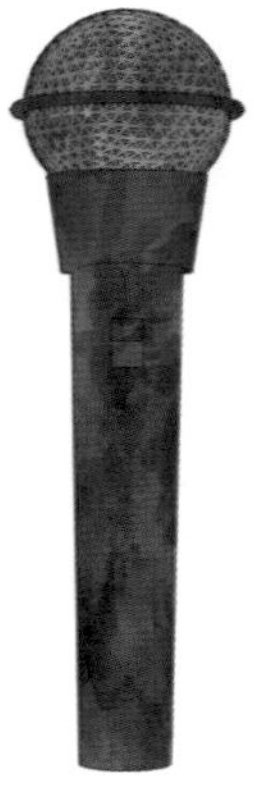

ミルク

MILK

ハム

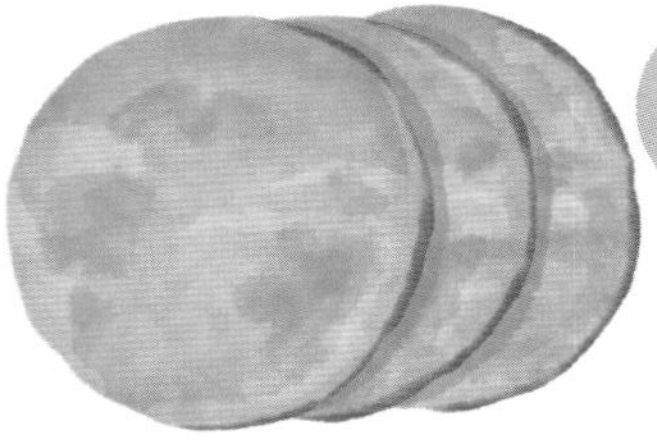

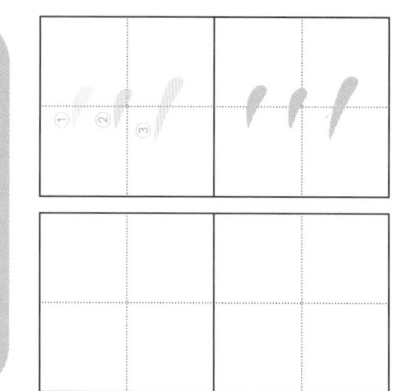

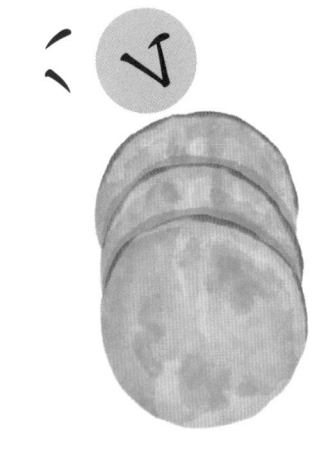

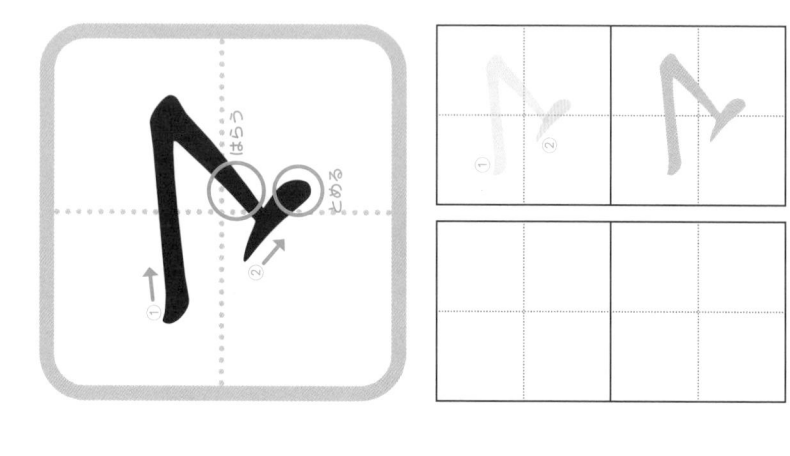

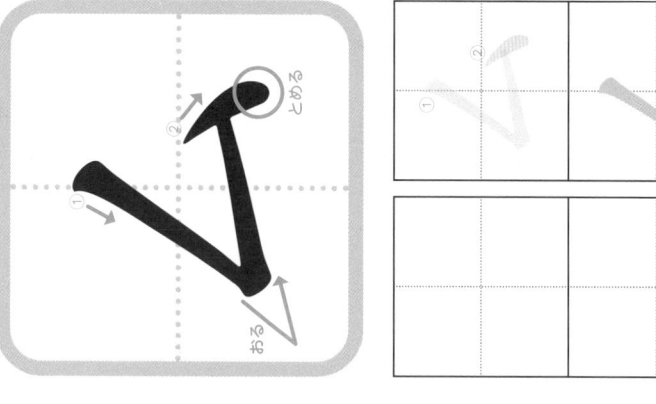

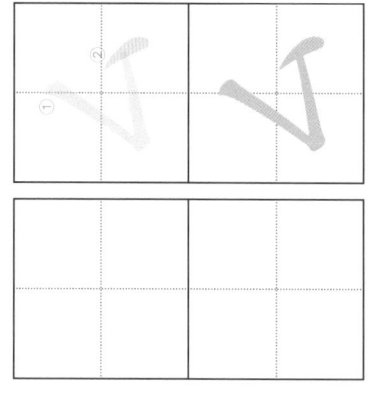

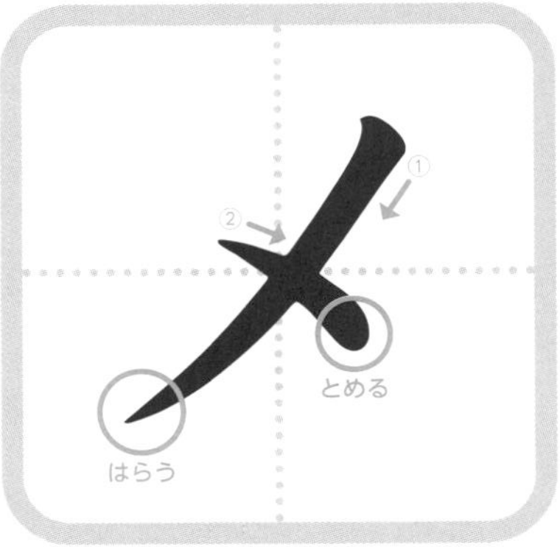

メ
とめる
はらう

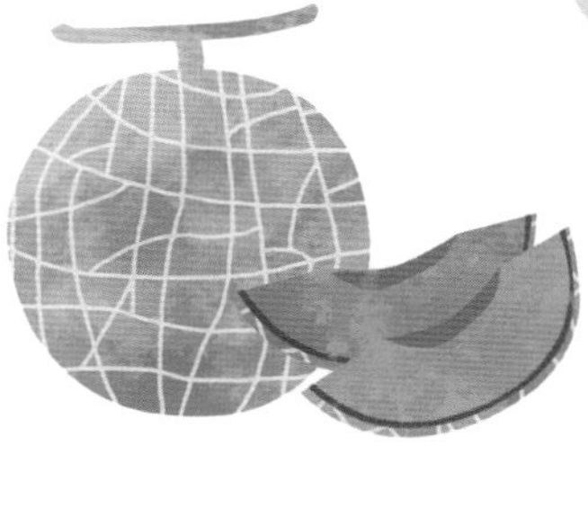

メロン

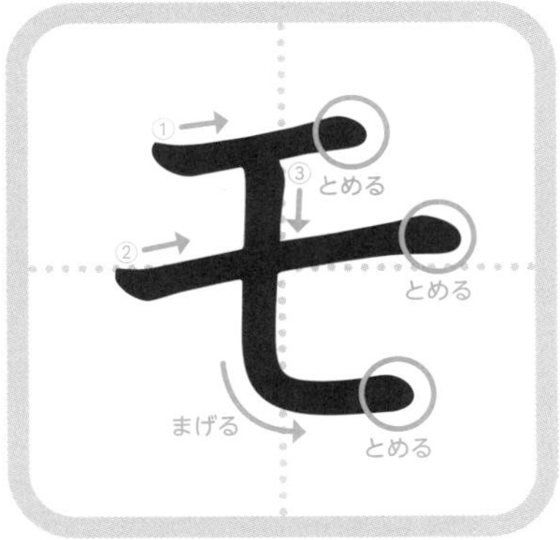

モ
とめる
とめる
まげる
とめる

カモ

● えを　みて、□に　ただしい　カタカナを　かきましょう。（1つ10てん）

①

アライグ□

②

ハン□ック

27 ヤユヨ

月 日

てん

● かきじゅんに　きを　つけて、□に　カタカナを　かきましょう。

（ぜんぶかけて60てん）

ヤ（①②　おる　はらう　とめる）

ユ（①②　おる　とめる）

ヨ（①②③　おる　とめる）

ヤドカリ

ユーフォー

ヨット

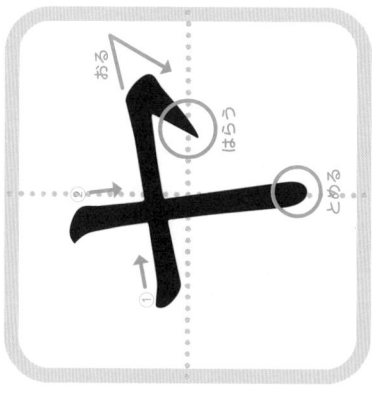

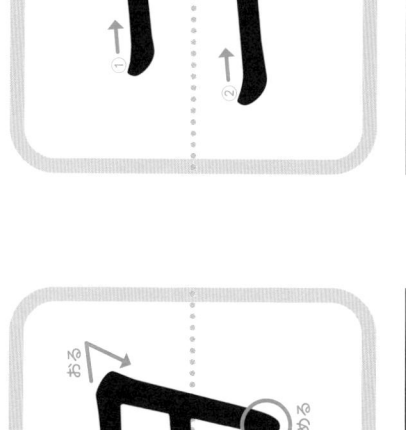

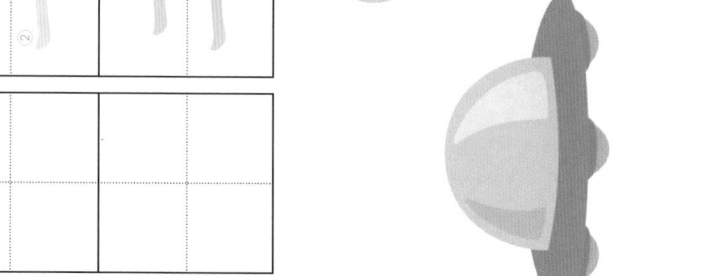

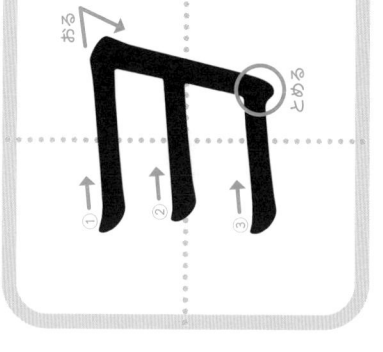

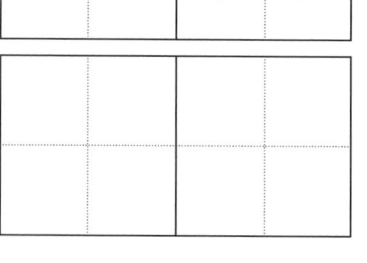

えを　みて、□に　ただしい　カタカナを　かきましょう。（1つ10てん）

①

タイ□キ

②

□ダレ

③

ヒル□スミ

④

ナカ□シ

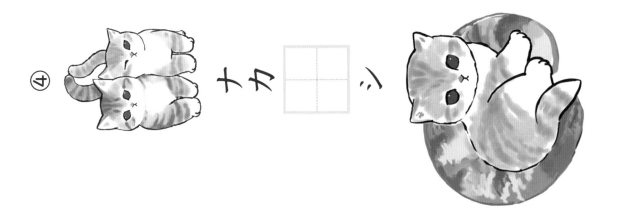

28 ラリルレロ

月　日

てん

かきじゅんに　きを　つけて、□に　カタカナを　かきましょう。

（ぜんぶかけて80てん）

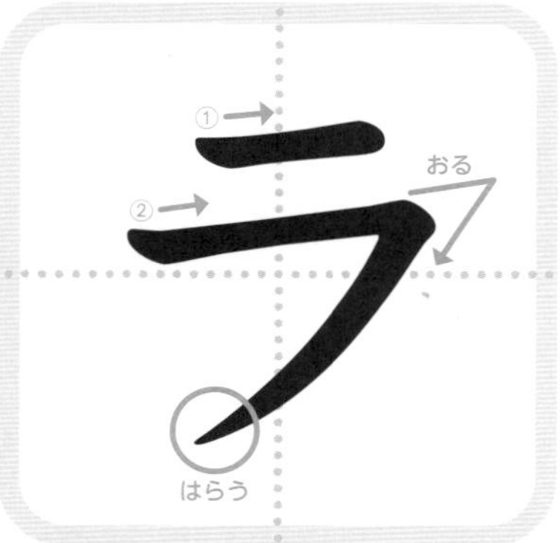

ラ
①
②
おる
はらう

マフラー

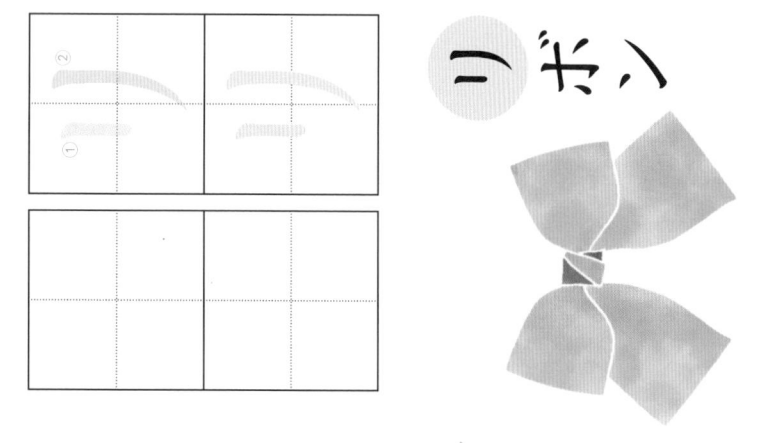

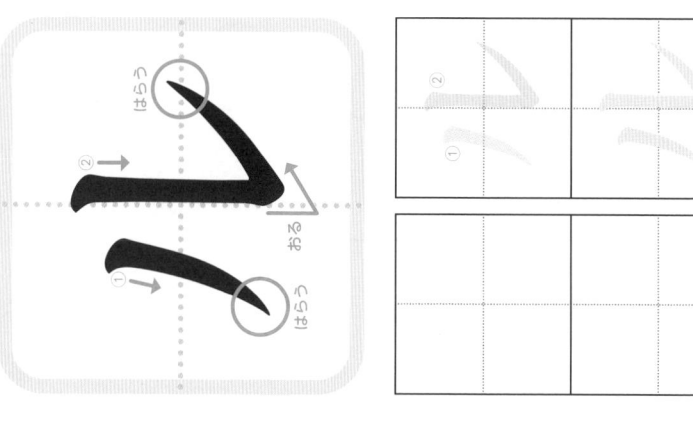

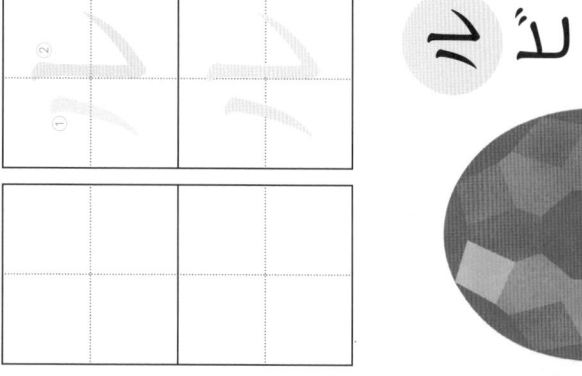

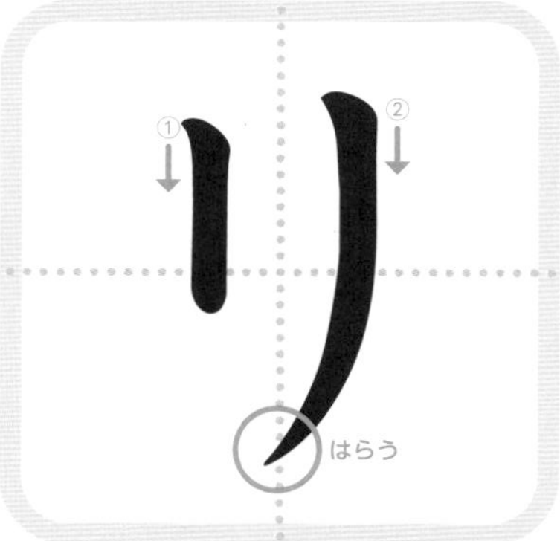

リ
①
②
はらう

リボン

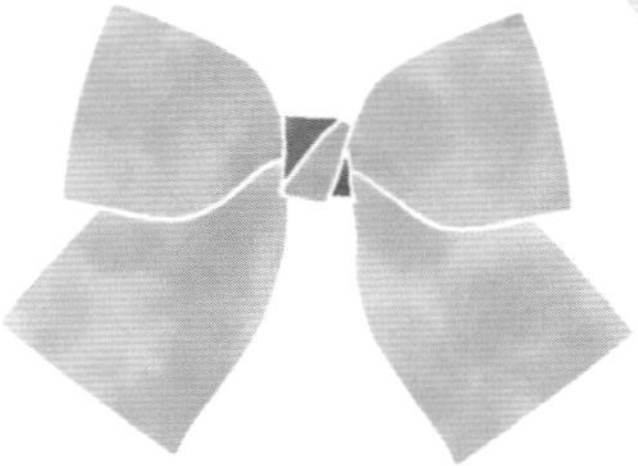

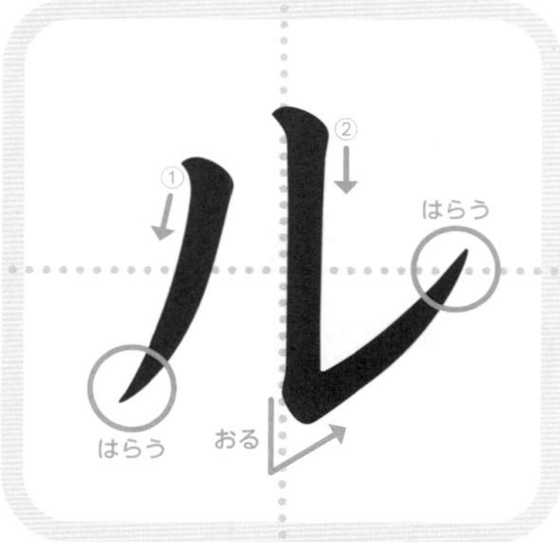

ル
①
②
はらう
おる
はらう

ルビー

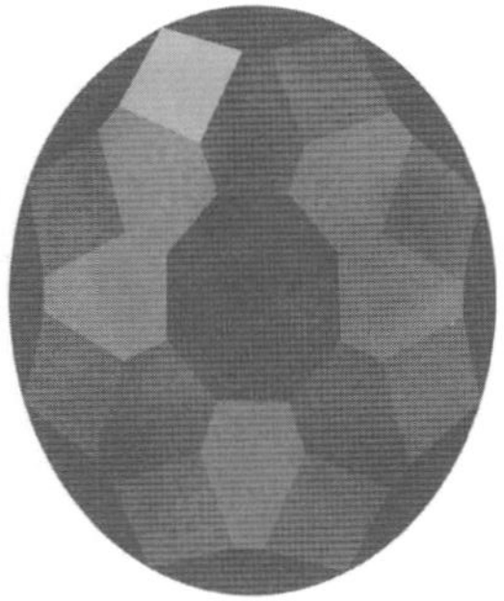

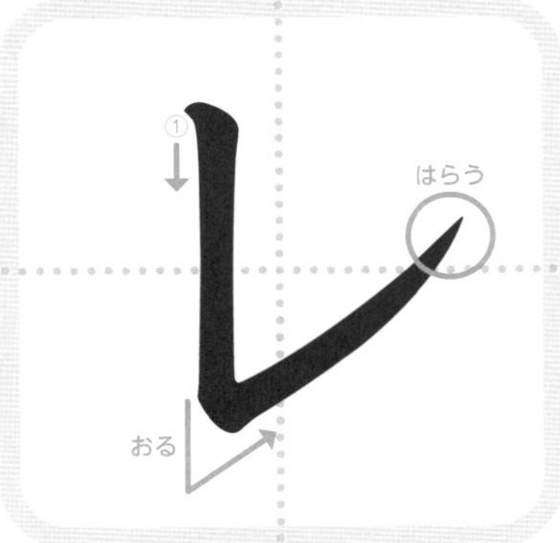

①
おる
はらう

レモン

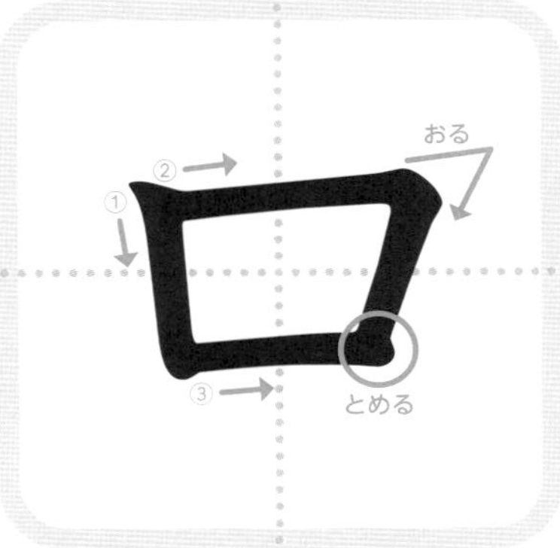

①
②
③
おる
とめる

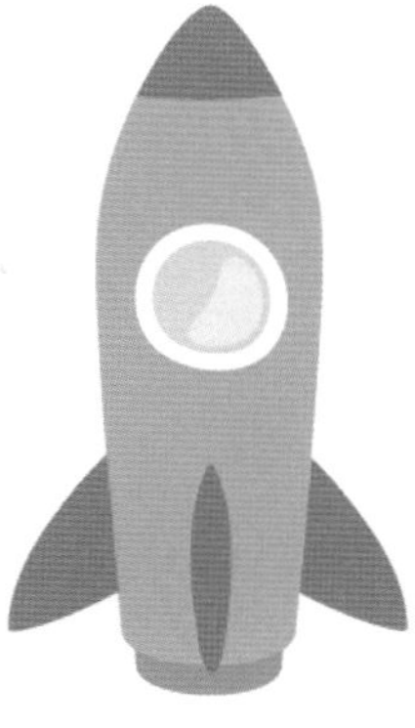

ロケット

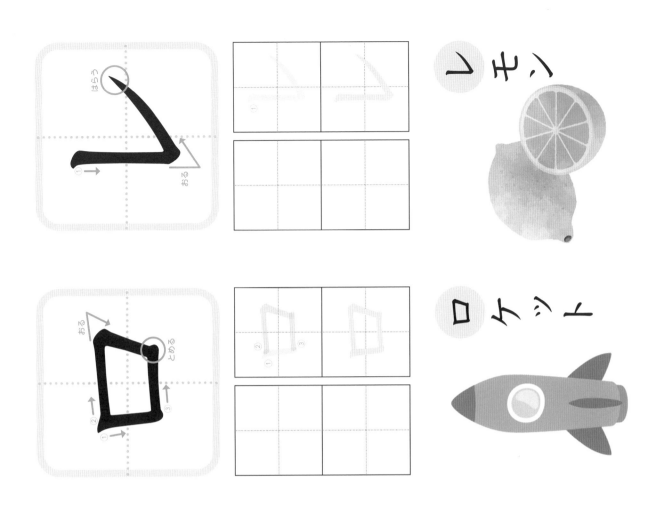

えを　みて、□に　ただしい　カタカナを　かきましょう。（1つ10てん）

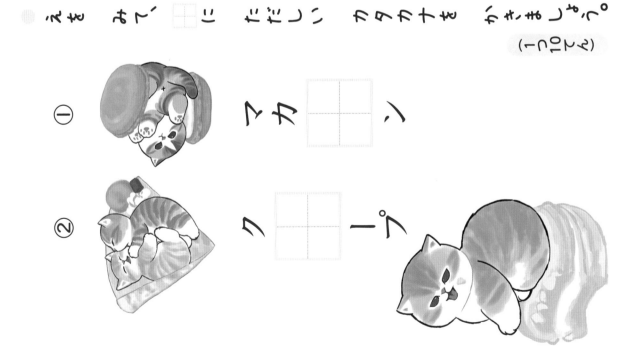

①

マカ□ン

②

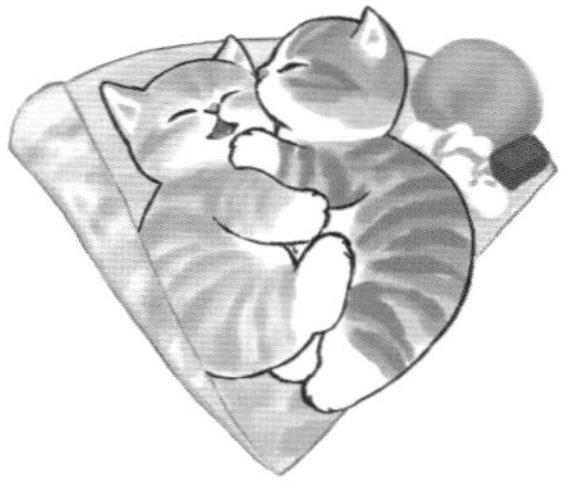

ク□ープ

29 ワヲン

てん

かきじゅんに きを つけて、□に カタカナを かきましょう。

（ぜんぶかけて40てん）

ワ（①②　おる　はらう）

ヲ（①②③　はらう）

ン（①②　はらう）

シャワー

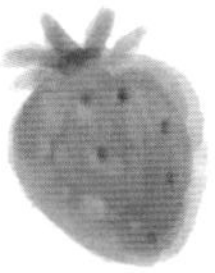

ライオン

えを　みて、□に　ただしい　カタカナを　かきましょう。（1つ15てん）

①

タ□ー

②

□□ピース

③

ブラ□コ

④

パ□

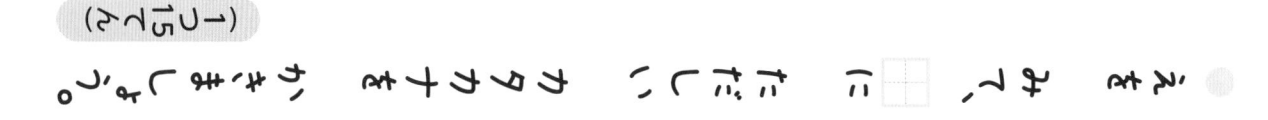

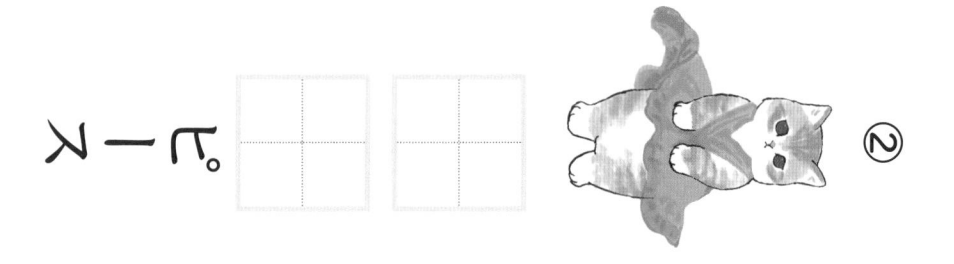

30 「゛」「゜」の つく カタカナ

● 「゛」「゜」は もじの みぎうえに かきます。

れい

バ　パ

● 「゛」「゜」の つく カタカナを かきましょう。

（1つ10てん）

① スパゲティ

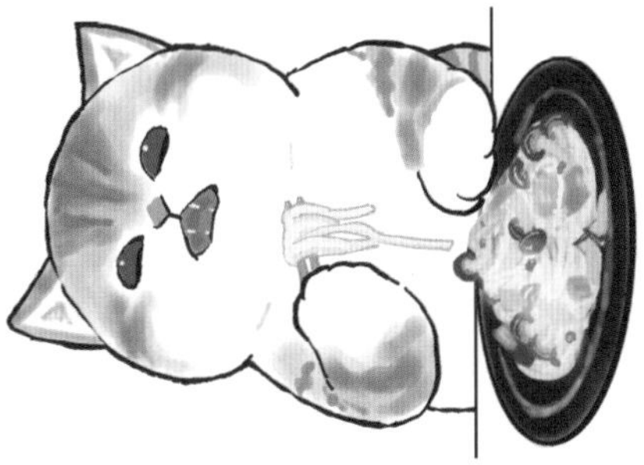

② タマネギ

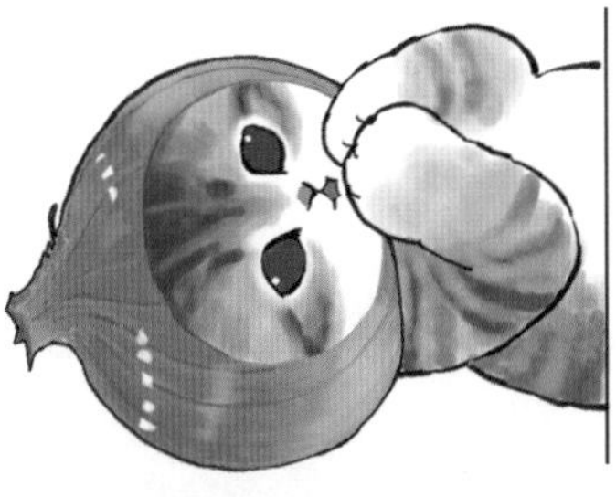

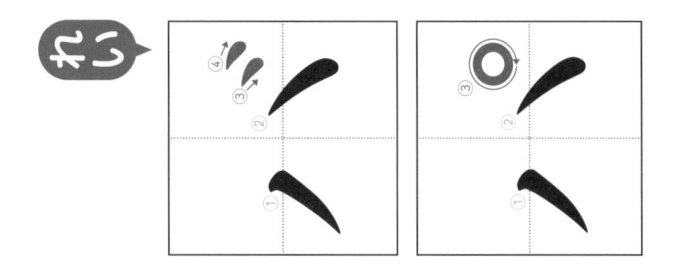

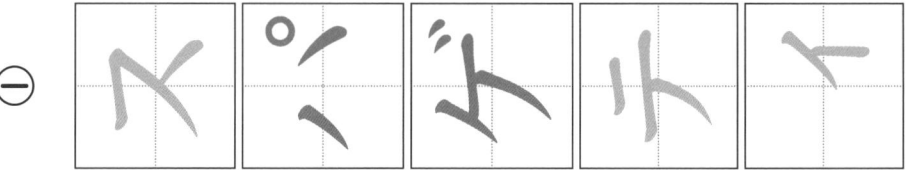

1 えを　みて、□に　ただしい　カタカナを　かきましょう。（1つ10てん）

① 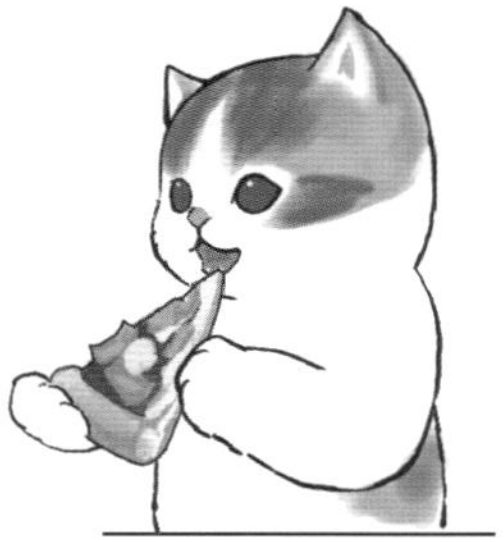

ピ□

② 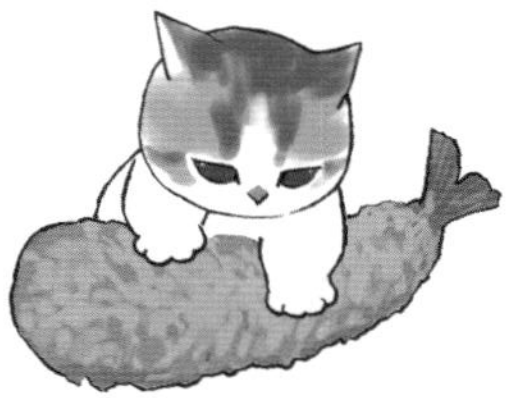

エ□フライ

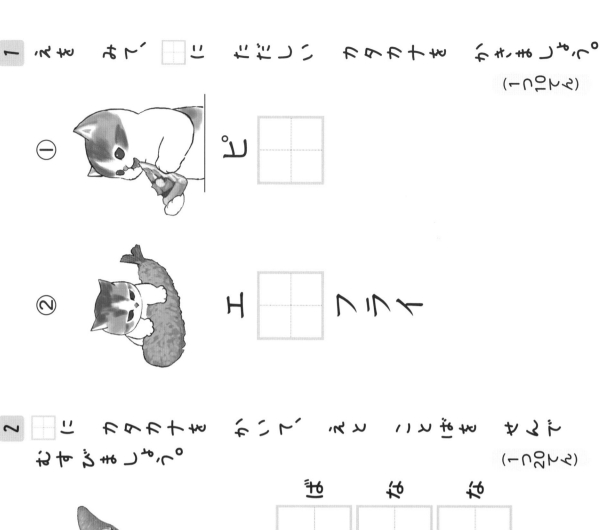

2 □に　カタカナを　かいて、えと　ことばを　せんで　むすびましょう。（1つ20てん）

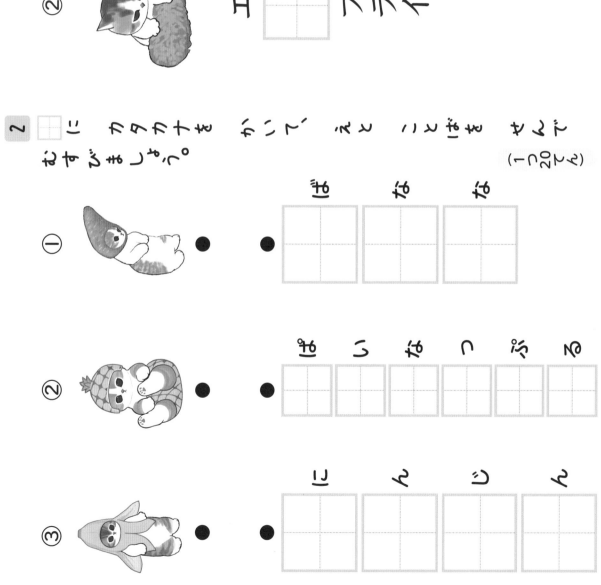

①  ●　　● □ば □な □な

②  ●　　● □ぱ □い □な □っ □ぷ □る

③  ●　　● □に □ん □じ □ん

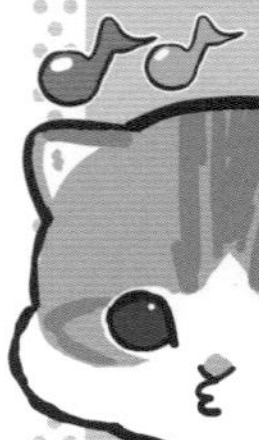

31 ちいさく かく カタカナ「ャ」「ュ」「ョ」「ッ」

月　日

てん

ちいさく かく「ャ」「ュ」「ョ」「ッ」は みぎうえの かどに かきます。

ヤ	ユ	ヨ	ツ

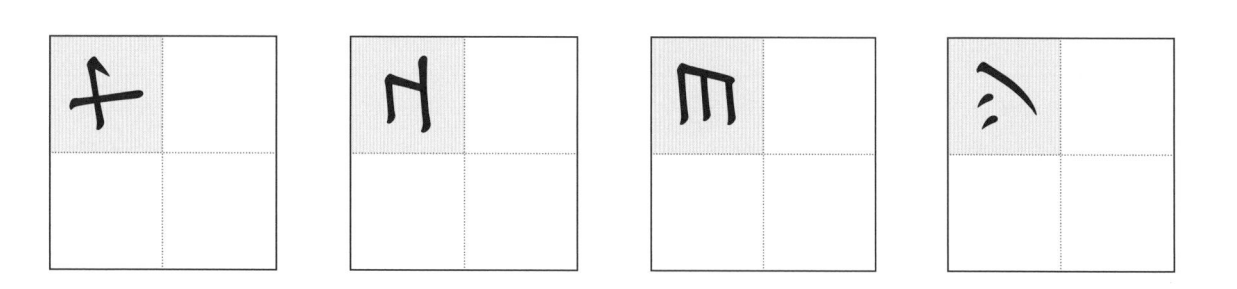

1 えを みて、□に ただしい カタカナを かきましょう。（1つ20てん）

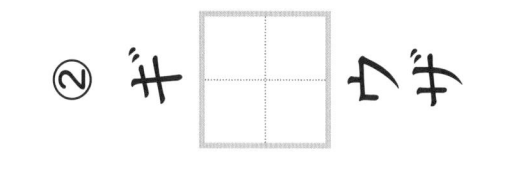

① キ□ベツ

② ギ□ウザ

③ ピーナ□ツ

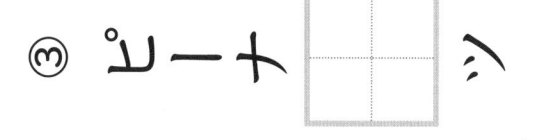

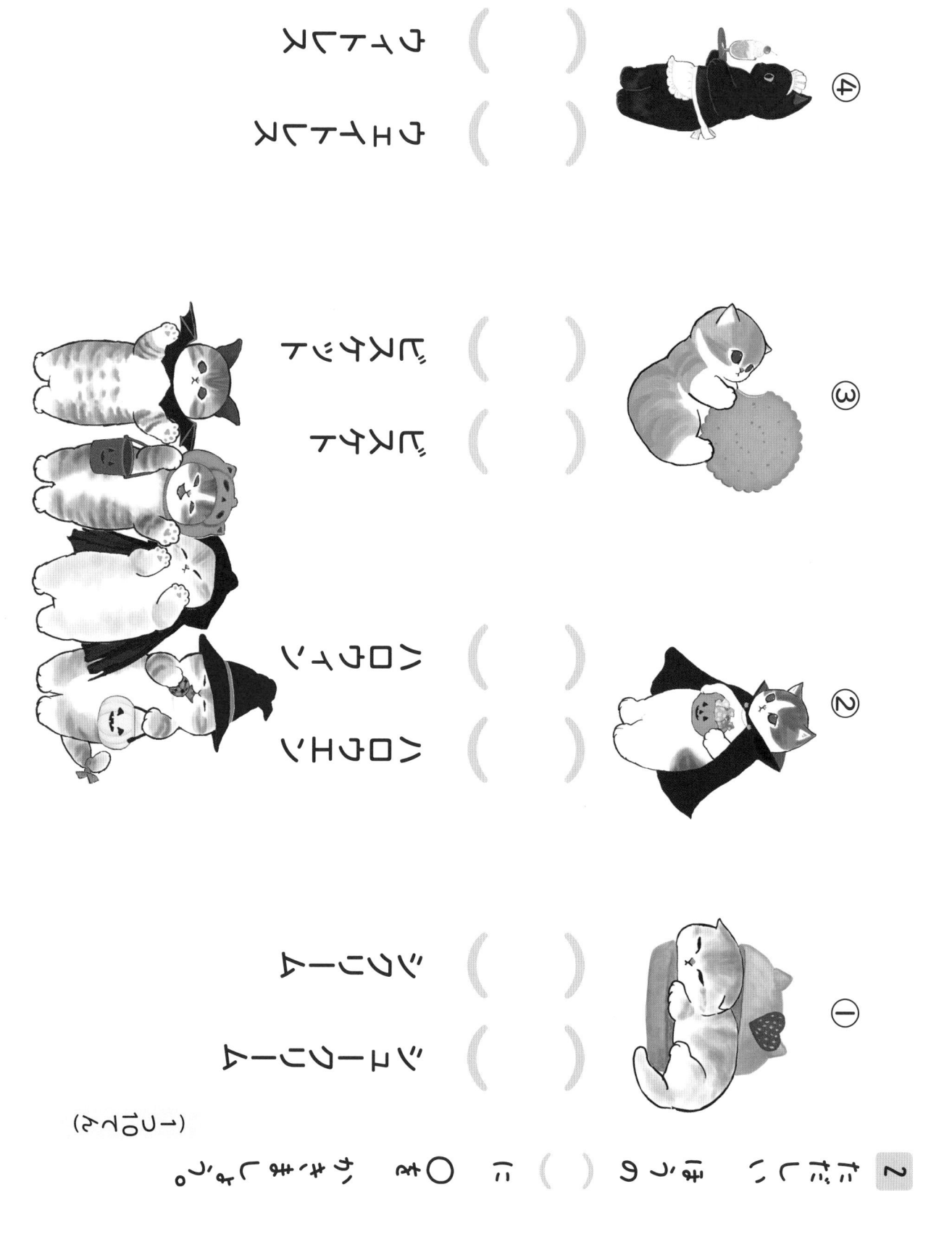

2 ただしい　ほうの（　）に　○を　かきましょう。

（1つ10てん）

①

（　）シュークリーム

（　）シクリーム

②

（　）ハロウエン

（　）ハロウィン

③

（　）ビスケト

（　）ビスケット

④

（　）ウェイトレス

（　）ウィトレス

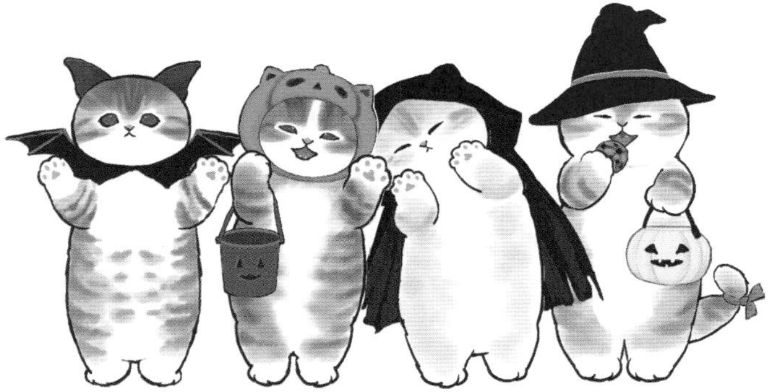

32 じゅんばんに つなごう

月　日

てん

● 「ア」から 「ン」までを、じゅんばんに せんで つなぎましょう。

（ぜんぶで100てん）

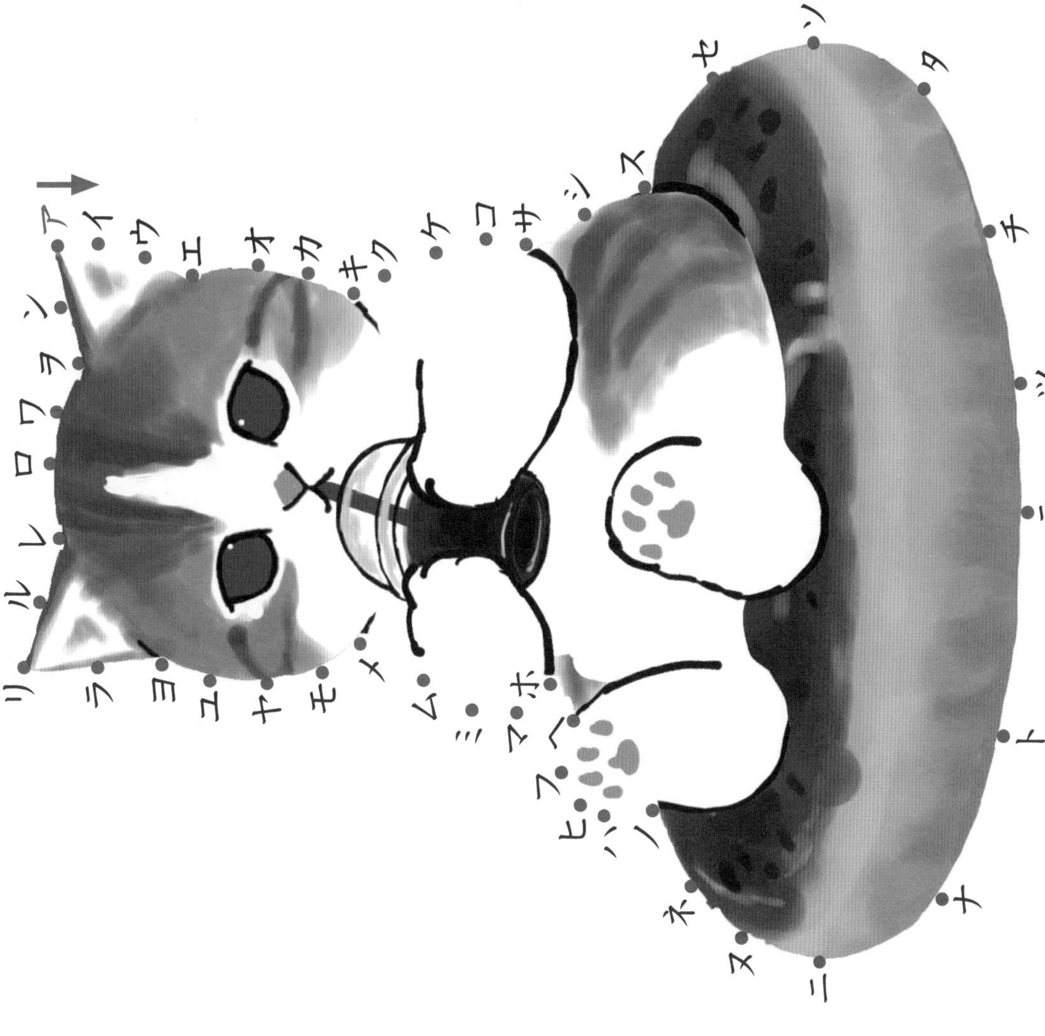
ア イ ウ エ オ カ キ ク ケ コ サ シ ス セ ソ タ チ ツ テ ト ナ ニ ヌ ネ ノ ハ ヒ フ ヘ ホ マ ミ ム メ モ ヤ ユ ヨ ラ リ ル レ ロ ワ ン

33 のばす おん

がつ　にち
月　日

てん

□に カタカナを かき、 えと ことばを せんで むすびましょう。

（1つ25てん）

①

びーむ

②

こーら

③

はむすたー

④

つりー

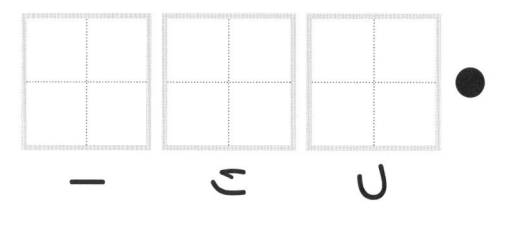

34 かたちの にた カタカナ

かたちに きを つけて □ に カタカナを かきましょう。

（1つ20てん）

月　日

てん

① タケノ[コ]

② [ユ]キウサギ

③ サ[ク]ランボ

④ スイハ[ン]キ

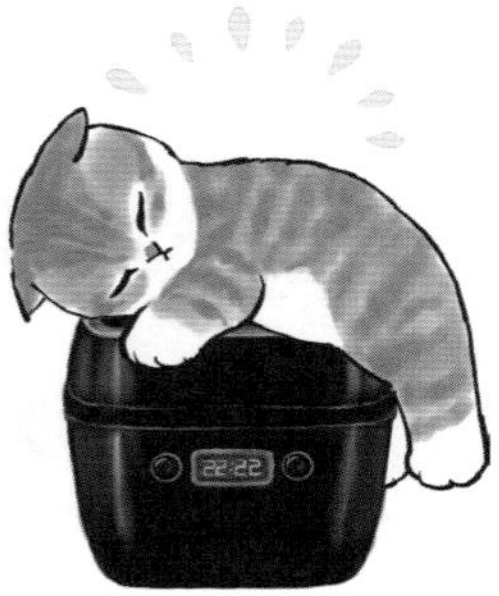

⑤ [ソ]ウジキ

35 ものの なまえ

月　日

てん

● なかまに なる ものを [ ]から えらんで □に かきましょう。（かく20てん）

① クジラ・ラッコ・□□

② いち・に・□□

③ さくらんぼ・なし・□□□

④ むらさき・あお・□□□

⑤ クッキー・あめ・□□□□

たいやき・ぶどう・サメ
ピンク・さん

36 うごきの ことば

1 えと ぶんを せんで むすびましょう。

（1つ10てん）

① たいじゅうを はかる。 ● ●

② てを あげる。 ● ●

③ おかしを たべる。 ● ●

④ おどりを おどる。 ● ●

⑤ いっしょに はしる。 ● ●

月 日

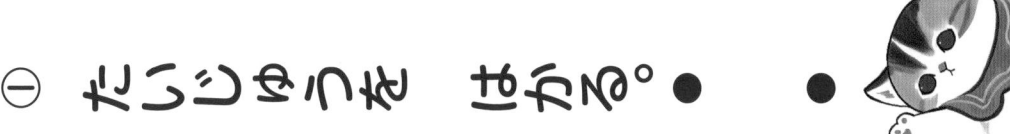

てん

2 ただしい　ほうの（　）に　○を　かきましょう。

（1つ10てん）

① ジュースを
（　）のむ。
（　）かむ。

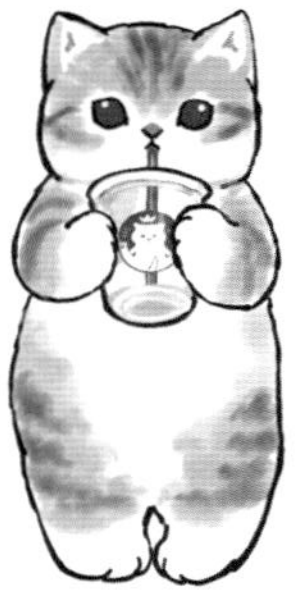

② ふくろを
（　）あける。
（　）あらう。

CHIPS

③ ふとんで
（　）ねる。
（　）みる。

④ ほんを
（　）よむ。
（　）よぶ。

⑤ にもつを
（　）こわす。
（　）いれる。

37 ようすの ことば

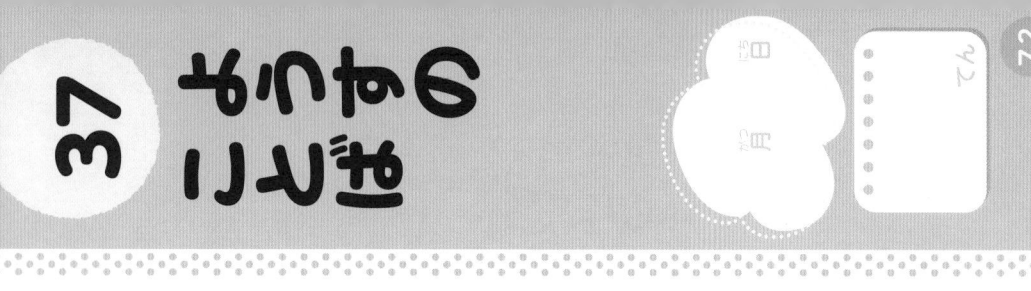

1 えを　みて、　ただしい　ことばを　[ ]から　えらんで（　）に　かきましょう。（1つ10てん）

①（　　　　）うさぎ。

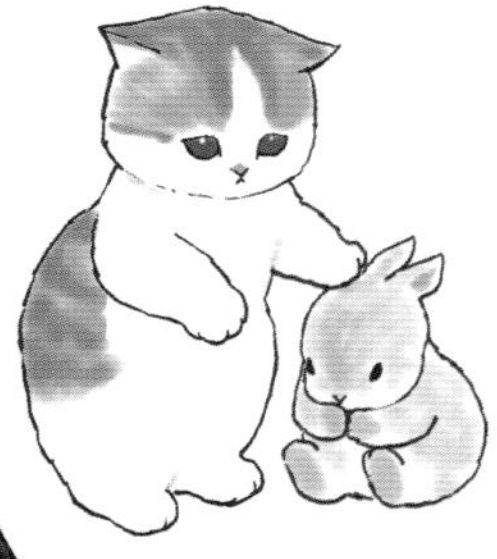

②あしが（　　　　）。

③（　　　　）ケーキ。

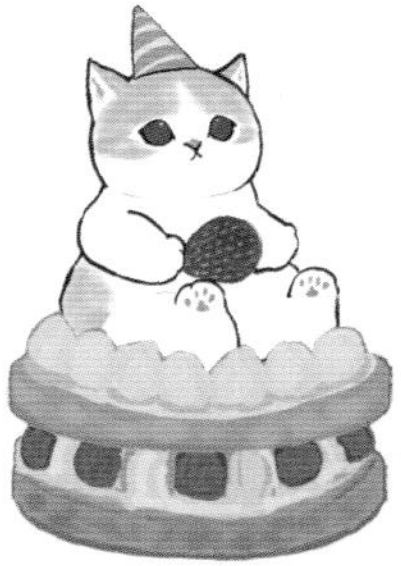

④ぼくは（　　　　）。

⑤（　　　　）アイス。

つめたい・おおきな・はやい・かわいい・かなしい

2 えを　みて、ただしい　ほうの（　）に○を　かきましょう。（1つ10てん）

①
（　）むずかしい　カレー。
（　）おいしい　カレー。

② からだが
（　）やわらかい。
（　）いそがしい。

③
（　）あかい　スイカ。
（　）まるい　スイカ。

④
（　）やさしい　ピザ。
（　）あつい　ピザ。

⑤
（　）きれいな　はなたば。
（　）しずかな　はなたば。

38 はんたいの ことば

1 はんたいに なる ことばを □ に かきましょう。（1つ10てん）

① かるい ⟷ お□□

② した ⟷ □え

③ さむい ⟷ □つ□

④ こども ⟷ □□な

⑤ たつ ⟷ す□□

2 はんたいに　なる　ことばを □から　えらんで
（　）に　かきましょう。（1つ10てん）

①  （　　） ⇔ ねる

②  （　　） ⇔ おりる

③  （　　） ⇔ でる

④  （　　） ⇔ ひだり

⑤  （　　） ⇔ からい

のる・あまい・はいる
おきる・みぎ

こたえあわせ

3　あいうえお　11ページ
① お　② う

4　かきくけこ　13ページ
① か　② こ

5　さしすせそ　15ページ
① さ　② す

6　たちつてと　17ページ
① て　② た

7　なにぬねの　19ページ
① の　② な

8　はひふへほ　21ページ
① は　② ふ

9　まみむめも　23ページ
① ま　② も

10　やゆよ　25ページ
① ゆ　② よ　③ や　④ ゆ

11　らりるれろ　27ページ
① ら　② ろ

12　わをん　29ページ
① わ　② を　③ ん・ん　④ を　⑤ ん

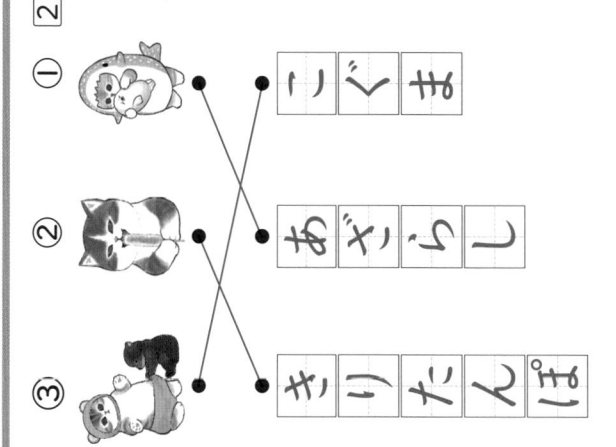

13　「゛」「゜」のつくひらがな　31ページ

1
① じ　② ぶ

2
①　②　③

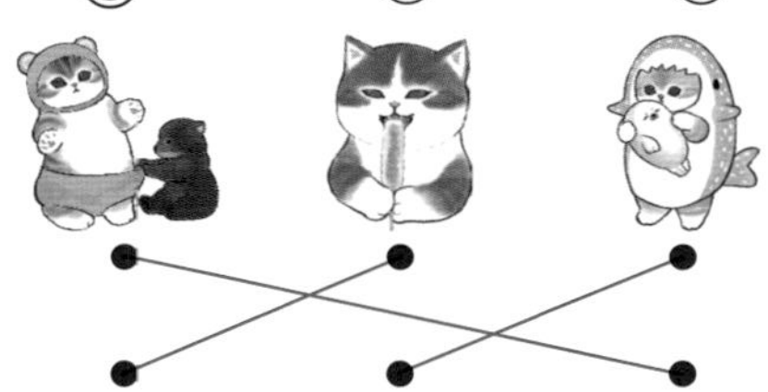

こぐま　あざらし　きりたんぽ

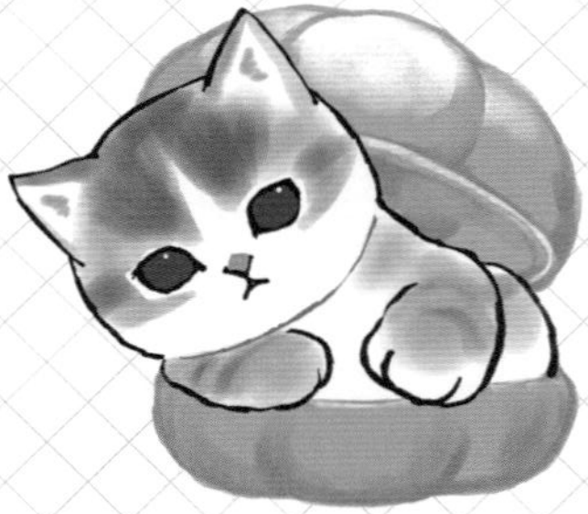

14 ちいさく かく ひらがな 「ゃ」「ゅ」「ょ」「っ」 32・33ページ

①ゆ ②ゆ ③ゃ・っ

1

① （　）らつこ （○）らっこ

② （○）しゅうまい （　）しゃうまい

③ （　）じてんしょ （○）じてんしゃ

2

①な(っ)とうを じ(ょ)うずに たべました。

②り(ょ)こうに い(っ)てきます。

15 じゅんばんに つなごう 34ページ

16 のばす おん 35ページ

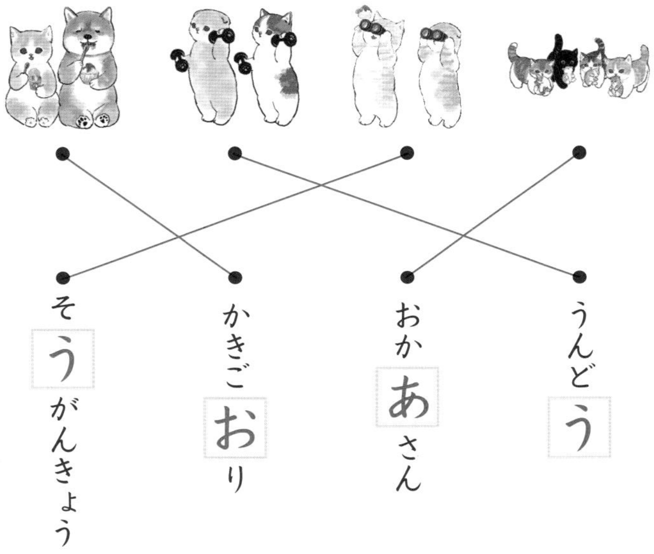

うんどう
おかあさん
かきごおり
そうがんきょう

18 「は」「を」「へ」 37ページ

①は ②を ③へ ④は ⑤を

19 なぞなぞ 38ページ

①りんご ②えがお ③かに

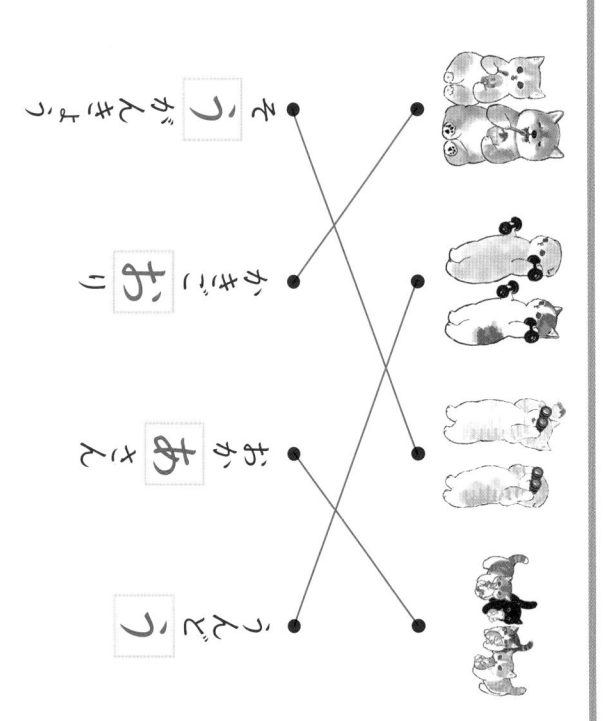

20　アイウエオ　43ページ
①ア　②ウ

21　カキクケコ　45ページ
①キ　②カ

22　サシスセソ　47ページ
①ソ　②シ

23　タチツテト　49ページ
①チ　②ツ

24　ナニヌネノ　51ページ
①ナナ　②ヌ

25　ハヒフヘホ　53ページ
①ハ　②フ

26　マミムメモ　55ページ
①マ　②モ

27　ヤユヨ　57ページ
①ヤ　②ヨ　③ヤ　④ヨ

28　ラリルレロ　59ページ
①ロ　②レ

29　ワヲン　61ページ
①ワ　②ワン　③ン　④ン

30　「゛」「゜」の　つく　カタカナ　63ページ

1　①ザ　②ビ

2　①　②　③

①　バナナ（ばなな）
②　パイナップル（ぱいなっぷる）
③　ニンジン（にんじん）

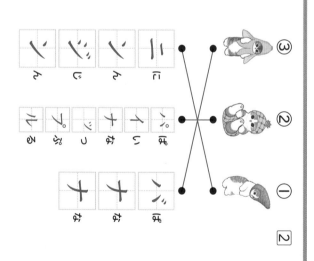

31 ちいさく かく カタカナ「ャ」「ュ」「ョ」「ッ」 64・65ページ

1 ①ャ ②ョ ③ッ

2

① 
（○）シュークリーム
（ ）シクリーム

② 
（ ）ハロウエン
（○）ハロウィン

③ 
（ ）ビスケト
（○）ビスケット

④ 
（○）ウェイトレス
（ ）ウィトレス

32 じゅんばんに つなごう 66ページ

ア イ ウ エ オ カ キ ク ケ コ サ シ ス セ ソ タ チ ツ テ ト ナ ニ ヌ ネ ノ ハ ヒ フ ヘ ホ マ ミ ム メ モ ヤ ユ ヨ ラ リ ル レ ロ ワ ヲ ン

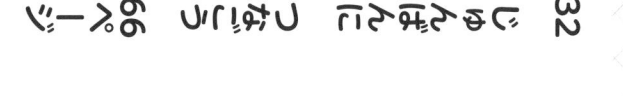

33 のばす おん 67ページ

① 
② 
③ 
④ 

①—コーラ（こーら）
②—ビーム（びーむ）
③—ツリー（つりー）
④—ハムスター（はむすたー）

35 ものの なまえ 69ページ

①サメ ②さん ③ぶどう
④ピンク ⑤たいやき

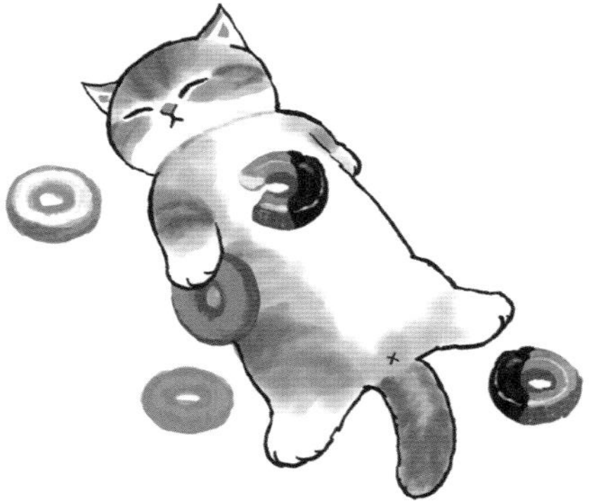

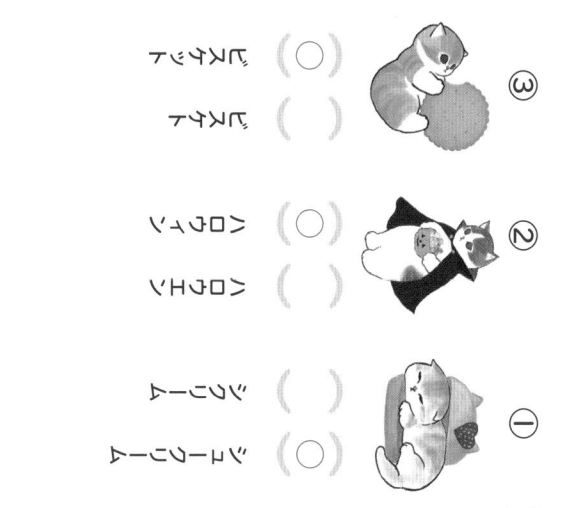

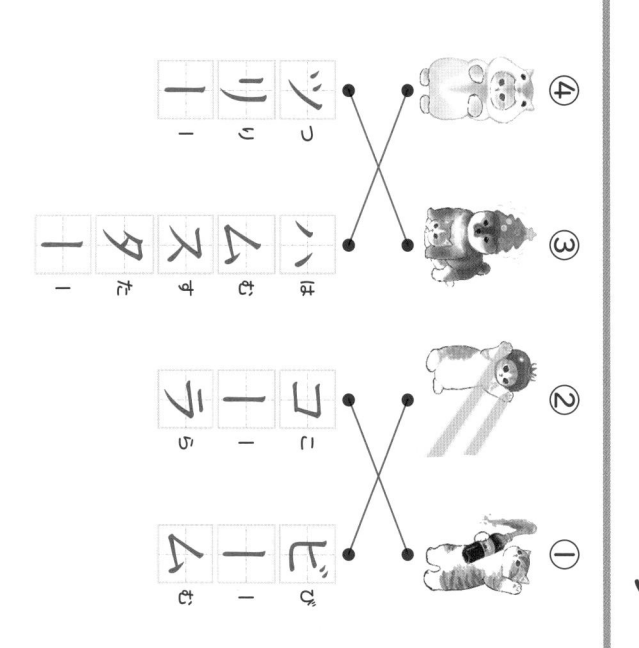

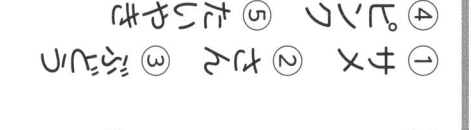

36 うごきの ことば 70・71ページ

1

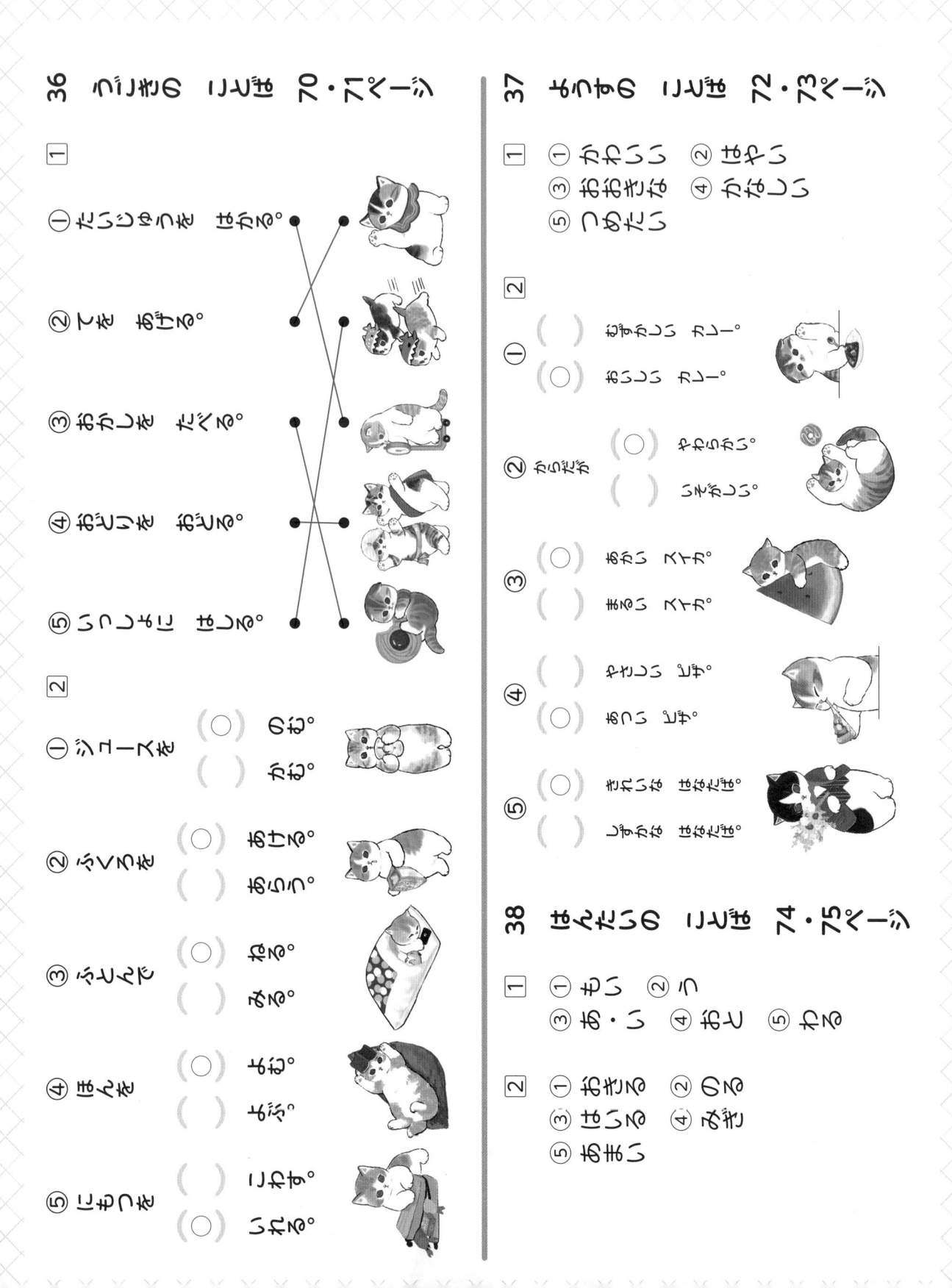

①たいじゅうを はかる。
②てを あげる。
③おかしを たべる。
④おどりを おどる。
⑤いっしょに はしる。

(①—3つめの え、②—1つめの え、③—5つめの え、④—4つめの え、⑤—2つめの え を せんで むすぶ)

2

① ジュースを　（○）のむ。　（　）かむ。
② ふくろを　（○）あける。　（　）あらう。
③ ふとんで　（○）ねる。　（　）みる。
④ ほんを　（○）よむ。　（　）よぶ。
⑤ にもつを　（　）こわす。　（○）いれる。

37 ようすの ことば 72・73ページ

1

①かわいい　②はやい
③おおきな　④かなしい
⑤つめたい

2

① （　）むずかしい カレー。　（○）おいしい カレー。
② からだが　（○）やわらかい。　（　）いそがしい。
③ （○）あかい スイカ。　（　）まるい スイカ。
④ （　）やさしい ピザ。　（○）あつい ピザ。
⑤ （○）きれいな はなたば。　（　）しずかな はなたば。

38 はんたいの ことば 74・75ページ

1

①もい　②う
③あ・い　④おと
⑤わる

2

①おきる　②のる
③はいる　④みぎ
⑤あまい